Julie Fabre

L'Apocalypse de Dieu

Julie Fabre

L'Apocalypse de Dieu

Atteste que Saint-Esprit, Jésus est de retour - La Bible est réécrite

Éditions Croix du Salut

Imprint
Any brand names and product names mentioned in this book are subject to trademark, brand or patent protection and are trademarks or registered trademarks of their respective holders. The use of brand names, product names, common names, trade names, product descriptions etc. even without a particular marking in this work is in no way to be construed to mean that such names may be regarded as unrestricted in respect of trademark and brand protection legislation and could thus be used by anyone.

Cover image: www.ingimage.com

Publisher:
Éditions Croix du Salut
is a trademark of
International Book Market Service Ltd., member of OmniScriptum Publishing Group
17 Meldrum Street, Beau Bassin 71504, Mauritius

Printed at: see last page
ISBN: 978-613-7-36620-2

Pour tout contact avec Julie Fabre :

supremealphaomega@gmail.com
info@mouvementdusaintesprit.org
www.mouvementdusaintesprit.org

SOMMAIRE

L'onction prophétique se déclare en l'homme qui croit en Dieu

La plupart du temps, nous avons l'onction mais nous ne savons qu'en faire.
Alors Dieu dit : parle-leur de ce que tu sais sur toi-même et moi sans faire de détour. Alors toi l'écrivain et moi, en marche pour l'avenir de ce livre et de ces assoiffés de pouvoirs sur la hiérarchie de mes doctrines de pouvoirs bibliques pour eux et pour toi-même, le monde entier en saura mieux que ça et ils s'affranchiront tous à leur égard...

Petite Julie, tu n'es rien et tu fus là, à même le sol que pour moi. Prêche-leur la parole de ton côté et moi je parle à eux, à leur incrédulité vis-à-vis de moi et vice versa.
Ecris : ce message est venu du Saint-Esprit, déclaré de Dieu proclamé par les Anges de ma préhistoire de Dieu sur leur feu de l'avenir spirituel ; et de grâce, apprenons-le tous bien et faisons nous-mêmes notre avenir que de peiner encore pour les autres. Qu'ils l'apprennent aussi comme toi et comme moi, dans la hiérarchie de Dieu. En faisant ainsi, Dieu va se multiplier comme des Anges et des petits Anges jusqu'à l'intérieur de nous pour nous-mêmes pour parfaire notre vie que dans la hiérarchie de Dieu...

Parler en langue, c'est comme eux tous leur voiture, leur locomotive et leur avion, et ne parlez pas en langue que pour ça, allez droit au but que pour la langue et pour les ordres de Dieu qu'il me donne toujours dans les langues.
Tu en profiteras toi aussi et tu te verras même les parler, sans doute et sans problème qu'à ma compagnie ; parce qu'un vrai Dieu donne toujours les meilleurs de ses fruits à ceux qu'il aurait baptisés de son Esprit...

Portez-vous bien et allez là où il ne faut pas. Car lui, il est qui ?
Vous, pesez vos langues et en les proclamant, dansez, sautez de joie et allez de l'avant ; montrer à ton Dieu que tu es écrite de l'œuvre. Parler en langue me fait tout cela en un clin d'œil au fond et dans un être humain...
Pose désormais tout ton regard sur moi et dirige-toi à la rue des baptisés confirmés qui est là, comme des dires en ce jour pour toi. Porte-toi et portez-vous bien. En "anango plan" j'en ai fini.

Je ne sais pas pourquoi ce mot vous intrigue quand justement c'est moi Dieu votre Père qui le prononce ; je ne suis pas Dieu, alors qui êtes-vous ? Si vous en créez, j'en prends pour vous détruire avec. Portez-vous bien ; allons à la pâture de l'abattoir de l'œuvre de Dieu.
Amen...

I

LA LITTÉRATURE OU LA BIBLE

Qu'on croit et qu'on adhère

C'était un jour de Pentecôte, Dieu m'est apparu dans une nuée qui l'enveloppait de la tête jusqu'aux pieds et là, l'apparition était tellement claire que je me suis affaissée au sol en le bénissant et l'attrapant par les pieds.

Il m'est apparu à plusieurs reprises dans cette même condition et j'ai dit qu'il fallait démontrer à l'écrit ces choses pour certains et tous ceux qui ne l'ont jamais vu et qui pensent que Dieu est tout de même Esprit et qu'il ne se laisse pas voir partout si ce n'est seulement qu'en Esprit.

Alors je leur dis que c'est faux. C'est la langue noire de chacun qu'il faut ôter, celle qui déclare ces apparitions dans le désordre de la vie et dans ce monde.

C'est ainsi que Dieu s'est mis à m'enseigner ceci : « J'ai dit dans l'Apocalypse chapitre 1 verset 8, que je suis l'Alpha et l'Oméga et je me suis nommé en même temps que j'annonçais mon nom, que je suis aussi le Seigneur Dieu. Qui a donc changé la tournure des choses ? Est-ce moi ou l'Apôtre qui me les écrivait ?

Dans ce cas, je dis aujourd'hui que je n'ai pas de sein maternel en qui me loger, en qui m'incarner ; et j'ai donné même à un être humain, l'opportunité de me reprendre certains de mes brevets professionnels, pour vous dire que *je suis véritablement de retour* et qu'on doit s'attendre à d'autres rythmes de liturgie qui vont même surpasser votre entendement et votre rythme cardiaque, car je vous couperai le souffle avec tout ce que j'aurai pour vous régénérer, sans doute dans ma Genèse ou même dans mes Apocalypses du siècle ; ces nouveaux livres de la Bible que j'ai nommés moi-même *le souffle de vie* ou *le souffle de la vie*, ce n'est qu'à toi mon éditeur de me les mesurer à ta propre vie. »
Amen !
Alléluia joie !

Dieu continue et dit : « Dans ces livres, j'ai parlé en Fille, j'ai parlé en Mère, j'ai parlé en Fils, j'ai parlé en Dieu ; en tout, j'ai parlé. J'ai été le seul orateur de toutes ces bibles, le seul orateur de toutes ces écritures. Quelles que soient les tournures, les gammes, les personnalités, l'omnipotence, l'omniscience et l'omniprésence de ces livres qui les incarnent.

Personne ne peut comprendre, mais tout vient de moi. Je suis Dieu, je suis vraiment Dieu, le vrai. Liez-vous à moi et vivez ces messages.
En mon nom seul, bénissez le peuple avec. Rendez-leur hommage en tous ces écrits comme si je disais "rendez-moi hommage en tous ces écrits que j'ai dévoilés ; rendez-moi hommage en toutes ces circonstances que j'ai décrites ; rendez-moi hommage en tout ce que j'ai décrit".

C'est comme ça que l'humanité fut créée avec plusieurs doctrines, plusieurs calculs, plusieurs dérivées, avec plusieurs quotients. J'ai tout calculé, j'ai tout mesuré, j'ai tout planifié et j'ai tout fait.

C'est ainsi que j'ai tout planifié aujourd'hui. Mais j'ai changé de tournures, j'ai changé de thèmes, j'ai changé d'omnipotence, j'ai changé d'omniprésence, j'ai changé d'omniscience. Et j'ai vu que ma science a décollé en flèche. Et l'homme exige une courbe à son sommet que je n'apprécie guère, car je vais en flèche et je perce l'abcès de tous les murs, de tous les cieux, de tout ce qui se passe dans le firmament haut et bas.

Je suis la Genèse, je suis l'Apocalypse. Je suis l'Esprit Saint, je suis l'Esprit de Dieu. Honorez ma face et germez ma vie. Contemplez ma gloire et faites du bien avec tous ces écrits. Aucune virgule ne sortira de ces livres, aucun dire ne se penchera. Je suis l'Esprit Saint, je suis l'Esprit de Dieu.

Mes tournures me plaisent, cela permet à l'être humain de mieux méditer, de mieux retourner la phrase, de mieux retourner les préceptes, de mieux retourner son entendement, de mieux comprendre la chose.

La manière dont il l'entendra, la manière dont il la comprendra, la manière dont il s'exhortera avec, c'est ainsi qu'il sera honoré ; c'est ainsi qu'il sera "gammé" ou "dégammé"; c'est ainsi qu'il sera orienté ou désorienté ; c'est ainsi qu'il sera abaissé ou élevé.

Mes préceptes sont des préceptes nouveaux. Je dis bien, mes préceptes sont des préceptes nouveaux, des choses nouvelles, des thèmes qu'il faut apprendre par cœur, des thèmes qu'il faut connaître.

Aucun écrit n'est mauvais ; aucun écrit n'est négatif ; aucun écrit n'est incompréhensible ; aucun écrit n'est noir. Je suis Dieu et je reconnais l'être humain ; et je sais quel remède il faut pour l'être humain. Je sais quel comprimé il faut donner à chaque être humain. Je sais quelle écorce il faut donner à chaque être humain ; et j'ai mis toutes ces choses dans ces écrits.

Là où tu penses que tu es le plus blessé, c'est là-bas que se trouve ta propre plaie. Soigne-la, guéris-la. Dis les mêmes paroles dans les langues, dans les adorations, dans ta propre vie et tu relèveras la pente. Je suis dans ta propre vie, je suis celui qui a tout écrit.

Maintenant, celui qui veut, qu'il m'apprenne comme il faut. Celui qui veut, qu'il me dirige vers lui comme il faut. Celui qui veut, qu'il me réoriente vers lui comme il faut. Celui qui veut, qu'il fasse du bien à son âme car je ne suis pas infertile, je ne suis pas rejetable, je suis Dieu.

Tu me rejettes mes écrits et moi, tu iras en enfer et plus que l'enfer, car ta chair même ne trouvera pas de place en enfer, à plus forte raison tes os. Et ton âme, où penses-tu qu'elle pourra être ?

Alors, consacre ta vie à moi, étudie-moi dans tous ces préceptes ; bons ou mauvais, c'est la Bible, c'est la vraie Bible, c'est la vraie version, c'est la nouvelle version de la Bible.

Alors crois ou croyez et diffusez-moi toutes ces choses dans le monde entier; diffusez-moi tous ces écrits dans le monde entier. Mon monde entier a besoin de les comprendre.

Si l'ivoirien les rejette, il se pourrait que les "bassamois", les dahoméens, les togolais, les nigériens, l'acceptent ; il se pourrait que les américains, les sud-africains ou les libyens l'acceptent ; Il se pourrait que les marocains et même les musulmans, tous ceux qui se disent amis ou enfants de Dieu, l'acceptent ; il se pourrait que l'autre qui n'a même pas le pouvoir ni la possibilité de connaître et de voir la verdure de Dieu, se voit enrichi par ce Dieu que toi tu rejettes aujourd'hui. Car moi je dis, Côte d'Ivoire la première, ne l'oubliez pas. »

« Prends ces préceptes » , me dit-il ; « De gré ou de force, adapte-toi. Tu es obligée, tu es forcée, car selon toi je viens pour qui dans cette nation d'abord ? N'est-ce pas toi ?
Ton peuple se réjouira quand si tu restes encore enfouie dans les anciennes doctrines ?
Ton peuple se réjouira quand si tu restes encore enfouie dans l'ancienne Bible ?
Ton peuple se réjouira quand si tu restes encore enfouie dans les anciennes paroles ?

Il faut limiter ta voix à moi. Il faut interroger le domaine du Saint-Esprit ; il faut interroger la Doctrine doctrinale de Dieu ; il faut interroger tous ces préceptes doctrinaux qui ont été révélés dans ce livre, pour savoir quelle est ton histoire. »

Hier, l'histoire juive a été révélée et relatée. Aujourd'hui qu'est-ce que Dieu déclare sur ton histoire, sur ta nation, sur ton peuple, sur ton ère et sur toutes tes actions, sur tes fléaux et sur toutes tes souffrances ?

N'as-tu pas envie de découvrir ce Dieu afin que toutes ces choses disparaissent dans le monde, afin que Dieu soit à l'écoute des humains comme il l'était avant au niveau de Jésus, au niveau des humains, et qu'on n'a pas reconnu ?

Est-ce qu'aujourd'hui, vos oreilles ne vont pas se tendre vers le Très-haut en passant par les fléaux de la liturgie qu'il déclare aujourd'hui ?

Il n'a rien exigé, seulement écouter et croire.

« Toutes nouvelles se déclarent toujours de manière nouvelle. Toutes choses nouvelles se proclament toujours de manière nouvelle. Toutes verdures nouvelles se déclarent toujours et se forment toujours de manière nouvelle.

Alors, croyez en mes littératures car mes paroles furent vraiment Dieu et c'est ma propre personne Dieu, car les littératures qui sortiront toujours de moi feront toujours quelque chose.

Ne vous affaissez pas ; la littérature est descendue dans cette nation pour sauver la nation, pour sauver son peuple, pour sauver mes nations après. Et les restes de la littérature, je vous les annoncerai après, car beaucoup de choses vont se faire dans cette nation, dans ce pays, dans ces villages, dans cette ville.

Et Jéhovah Jiréh parle et vous ne l'écoutez jamais, Jéhovah Jiréh parle et personne ne veut jamais l'acclamer ; Jéhovah Jiréh parle et personne ne veut le faire asseoir en lui. »

Puis il déclare : « Mets à l'écrit tous ces écrits, ces versets ; ne rate aucun en aucun lieu. Je peux prétendre dire que c'est le premier des messages que tu annonceras aux ivoiriens dans le grand public ici ou ailleurs.

N'ajoute rien et fais cela pour moi. Puis les autres livres qui concernent cette nation, ce pays, ce ministère, tout ce que j'ai dénoncé publiquement dans ce grand livre d'introduction, vont être comme les apports, les thèmes à ajouter pour rendre solide (qu'à telle date, à telle heure, tel jour, la même chose a été déclarée en tel lieu ; ainsi de suite,…) dans tous les autres livres. Porte-toi bien. Mets tout demain en application, cela, y compris toi-même. »

Amen !

JULIE A SES PROPRES ŒUVRES

Qui critique Dieu, le trouve sur son chemin

« Lis l'Apocalypse 16 verset et 8, toujours, son action continue jusqu'ici », me dit le ressuscité ; et il ajoute : « Je ne dis pas mieux, mais tu es faite de l'eau et de sang ; mais tu es une chair. Mais qui peut travailler cette chair pour demeurer une source d'eau vive en lui ?
Je ne suis pas sûr de toi être humain, car ma boue qui est en toi, a fait de toi une source de boue qu'en toi et tu n'en as même pas honte.

Alors écris ceci et donne-le qu'aux pauvres d'esprit et de conscience de Dieu. Il est là et pourtant, vous allez au maraboutage, aux sectes, aux souffles même diaboliques de l'âme et vous vous entretuez avec toutes ces saloperies de ce monde.
Alors, dis ceci à ces pauvres d'âme et d'esprit, que je suis même là désormais pour les défendre ; mais gare à eux s'ils se dégageaient de moi pour être un dieu du monde ou même appartenir à aucun dieu du monde, mais sacrificateur de ce monde acquis de Dieu et non pas de satan. J'en veux à tous ceux-là, pour eux-mêmes et pour tout leur voisinage.

J'en suis fier que tu écrives pour eux. Ecoutez donc ceci jusqu'à la fin des temps de l'âme et de l'Esprit de l'esprit, de même, allons tous en avant que pour ça.
Peuple acquis, donne-moi ta voix pour ça et suis-moi dans la Genèse comme dans l'Apocalypse.
Je vise loin que pour toi. Porte-toi bien... »

Mais moi Bénie de Dieu, faite âme sœur, je me portais bien à l'œuvre du diable dans le domaine de la délivrance d'appoint de ce projet noir du siècle, de délivrance d'appoint. En don de la délivrance d'appoint, je m'étais liée à Père, dans le fusionnement de son ministère à approuver avec moi. Et je suis noire dès ce jour...
Parler franc, c'est dire au Père ceci de la part de Dieu le Sauveur de l'âme là, ces critères de l'œuvre...

Je mens et je me délivre avec ça toute seule...
Mentir ici, c'est de la prophétie que je parle. En Dieu, c'est un message mais dans la réalité du monde, c'est un présage de la prophétie dans le monde que j'appelle de dieu laïc...
Ces mêmes prophéties sont des sens de l'œuvre de la prophétie elle-même qu'on appelle là, les ordres de l'œuvre de la prophétie et de la dictature de l'œuvre, appelés cette fois-ci, les ondes

périphériques de l'art de la prophétie, qui m'étaient conférées dans le temps à l'époque de Jésus, d'Abraham, d'Isaac, de Moïse et de tous ceux qui ont pavané les ondes de Dieu sur leur croix à eux, sans le savoir déchu en leur propre histoire de l'œuvre et dans leur vie.
Amen Trois Fois Saint…

Et je dis : « bon sang papa, tu es juste avec moi une pauvre petite fille de rien du tout qui parle en onction privée dans les creux de tes oreilles et qui te relate à la fois les ordres et les critères de Dieu de l'âme, de l'œuvre.
Suis-je Dieu ? Qui suis-je, ton béni de Dieu, ou ton écrivain, ou en plus ton et tes prophètes du siècle, ton messager ?
Et tu livres tes ordres et tes ordonnances, pourquoi faire alors… ? »

Et je dis, moi je suis l'écrivaine de Dieu et je suis bénie de Dieu. Moi pauvre laïque, je ne peux pas faire l'œuvre, mais j'ai quelque chose à vous dire, c'est que l'œuvre est à moi dans sa faisabilité bien sûr, mais l'œuvre n'est pas à moi dans sa composition et ses rituels.
Je ne peux pas faire l'œuvre avec des rituels bien sûr, mais je peux faire l'œuvre qu'on m'apporte avec des rituels, ses rituels propres à lui. Mais je ne peux pas les faire moi-même.

Ce qui veut dire que les rituels viennent de Dieu et ils sont divins que par rapport à Dieu. Mais Dieu ne nous les impose pas, Dieu nous les fait faire par lui-même. En ce moment-là, Dieu est le faiseur de l'œuvre de par tous ses rituels.

Mais en un mot, il n'a pas de rituels, ce sont ses savoir-faire et ses manières de faire qui, en principe, deviennent comme des rituels ; sinon, ce n'est pas un rituel propre à lui qui dit que Dieu fait l'œuvre à sa manière. C'est pourquoi, moi-même, je ne veux pas qu'il fasse mes œuvres à sa manière. Je veux qu'il me les fasse faire qu'avec lui.

C'est pourquoi, je prends même ces préceptes-ci et je vous dis que Dieu n'est pas un ordre des humains. Dieu suit ses propres ordres selon les humains qu'il a créés de son propre gré, qu'à son image ou pas. Mais toujours est-il que Dieu fait ce qu'il veut qu'en ses ministères.

Probablement parlant, je dirai que les efforts de Dieu viennent de nous éponger toutes nos dettes. A partir de là, nous saurons même faire ses œuvres et mes œuvres. Mais il est en nous comme de vrais faiseurs de l'œuvre que nous, nous nous appliquions à faire selon ses ordres et selon ses mots d'ordres, afin que nous ne soyons pas tous ivres de joie pour rien. Mais que nous apprenions la faisabilité de ses œuvres qu'avec lui-même et que nous ne soyons pas des adeptes

sauvages et infertiles dans la chose de Dieu. Pourrions-nous dire que nous sommes des faiseurs de l'œuvre sans rien lui dire auparavant ?
Mais nous ne sommes pas des faiseurs de l'œuvre ! A qui irions-nous quand il s'agirait de la faisabilité, plus même les résultats de ces mêmes faits de Dieu ? Nous y allons pas à pas et réfléchissons.

Comment donc faire l'œuvre pour qu'il y ait un résultat parfait ?
C'est à ce titre-là seul que nous avons tous recours à lui. Sans lui, nous ne ferions pas l'œuvre. Mais l'œuvre c'est lui. Si nous ne faisons pas l'œuvre, comment allons-nous nous en prendre à lui un jour ou plus tard, si jamais la fiabilité ou la faisabilité de l'œuvre ne s'accomplissait point ?

Alors référons-nous à lui tout court et jonglons les deux bouts, pour qu'il y ait une affaire de Dieu, sa fiabilité, son affection, sa germination de deux bouts, pour qu'il y ait un résultat appelé oracle de Dieu ou même prodige de Dieu affecté à notre niveau…etc, etc.

Mais Dieu me dit toujours, parle et je ferai le reste. Est-ce là son rituel à lui pour moi ou est-ce sa façon de vivre le ministère pour moi ?
Je ne sais plus rien et je ne crois même plus en rien car Dieu dit et je fais toujours ; Il parle et je fais toujours ; Il dit parfois des choses plus dures que je fais toujours.
Mais je parle dramatiquement parlant, je parle positivement parlant, je parle dans tous les sens où il m'oriente dans ses verdures. Je parle toujours, mais il ne fait jamais tout ce que je dis. Et je parle sous ses propres ordres, pourquoi ?
Voilà là où se trouve mon palabre avec lui.

Mais il dit encore aujourd'hui : « Parle et je ferai toujours. »
Alors j'y crois et je m'adonne à lui, car un Dieu ne parle jamais à répétition à un être humain ou à sa fille même que je suis, sans un résultat positif.
Alors je me jure ici sur tous les toits que je le crois. Je le crois être en effervescence juste qu'en moi, pauvre, final dressage, orientale.

Mais mon Maître, c'est Dieu. Pourquoi il me fait dire les choses de cette manière aujourd'hui ? Je crois qu'il est sur le point de m'actionner quelque chose avec et je vais y adhérer à son haut-parleur du siècle.
En Mère, il m'avait tout dit ; dans le fléau de Dieu le Père, il me les répète encore ; et dans le fléau du Saint-Esprit, il m'avait tout acclamé. Alors j'y crois.

Dieu ne parle jamais dans sa trinité d'onction sainte à aucun être humain ni à aucun élu comme moi, pour ne pas faire ce pourquoi il a parlé, dit la Bible ; sa parole ne revient jamais à lui sans avoir fait effet, ce pourquoi la Genèse elle-même fut esclave de ses paroles.
Moi j'y crois dès aujourd'hui que mon Père ne me laissera pas orpheline ; sur ses paroles-là, j'y crois.
A bon entendeur salut !

Je ne veux plus discuter avec lui sur ces mots car longtemps, il m'a appelée à lui et jamais il ne m'a parlé à répétition de cette manière.
Je crois que mon sein maternel adhère à ces physionomies de l'œuvre et je ne peux plus le prier pour ça. Je vais tout faire pour calculer mon temps avec lui et c'est ce que je suis en train de faire aujourd'hui. Mon temps reste avec lui et je le recalcule qu'avec lui.
Amen,
Amen,
Amen !

Je veux chercher un autre lot de marge pour mieux purifier mes sens qu'avec ; mais ici, je pense que je suis close.
Amen
Quitte à toi de me dire bravo ou pas, mais mes muscles s'affaiblissent autant ; il vaut mieux que j'y crois, que j'y aille de l'avant.
Alléluia joie !

DIEU QUI S'INVESTIT EN UNE PERSONNE

Ce n'est pas facile de croire en un Dieu qui s'investit en une seule personne de cette manière. C'est trop affreusement grand pour lui et pour moi à la fois, mais j'y crois. Car aucun être humain n'a le droit de me donner sa version là-dessus ; donc j'y crois. Car il est l'unique Dieu et s'il m'a parlé, qui peut contredire sa parole ! Qui peut ajouter ou retrancher un autre mot à sa parole !
Je prie Dieu pour qu'il me le pardonne, mais je fus incrédule que sur tous ces sorts de l'Eternel pour moi, une analphabète venant de l'église catholique, que devais-je faire de plus que de me mettre en face de mes propres connaissances ?

Mais Dieu, il m'a connue plus que tous et je ne suis pas digne des fois, pour dire que je fus catholique ou bien j'ai appartenu à une quelconque église jadis.
Tous m'ont révélé leur fausseté en ne m'appuyant pas dans les dires de l'Eternel qui m'étaient confectionnés et "ré-confectionnables" jadis.
Mais j'ai heurté la pierre jadis en allant vers eux en tant que mes propres supérieurs dans la hiérarchie mondaine. Mais cela n'a plus vu le jour et j'ai heurté la pierre de leur côté. Mes écrits sont restés suspendus en eux.

Je n'ai pas baissé les bras et je me suis donnée à moi-même pour ces écrits en me disant : « Que seul l'Eternel me sauve. Si je suis dans du faux, qu'il m'arrache dans du néant. Si je suis dans du vrai, qu'il m'encourage et qu'il souffle sur mes divines bougies. »
Alors j'ai guéri ma foi ainsi et j'ai donné mon nom à ma communauté : ***Le Divin Amour de Julie***, car le sens de cette communauté est l'Amour fraternel que j'embrasais vers le Père et il m'a aimée. Tout ce que j'étais a disparu de sa vue et il m'a acceptée comme filleule et je n'en suis pas digne.
Une filleule qui peine pour les autres, une filleule qui passe tout son temps à se mettre en extase prophétique, à jeûner et prier que pour les autres, sans se faire valoir à la retraite, sans donner dos à celui-là même qui l'a éprouvée, du jamais vu !

Père, les quatre êtres vivants et les myriades d'anges m'ont tous secourue. J'ai été dure en moi-même et j'ai durci mon cœur envers mes oui et mes non et j'ai rabaissé ma foi qu'à ce Jésus. Maintenant que je suis ivre de joie qu'en ses paroles et en ses vérités, vais-je me taire ? C'est ce qu'on appelle ***l'Apocalypse de Julie***.

A elle maintenant de montrer au monde entier comment elle a souffert pour son ministère. Et son ministère, mon œuvre qu'elle n'a eu personne pour l'épauler ni pour l'ardoiser ni pour la multiplier en pain ou pas, seulement même pour la protéger.

Alors j'ai crié Hosanna et mon Père m'a secourue. Et mes Anges qui sont tous aujourd'hui les quatre Êtres Vivants sont tous à la fois et d'un coup venus à mon secours. Et à leur suite, toutes les autres myriades d'Anges sont venues avec eux pour me soutenir.
J'aime les Anges, j'aime leurs accoutrements, j'aime leur manière de voler au secours des humains, des choses et même des animaux. J'aime leur manière de parfaire la vie de l'œuvre en eux. Et toutes ces bonnes manières ont été comme une étude pour moi, que j'apprenais dans le ciel avec eux.
Car, arrivée au stade où je voyageais en Esprit avec eux, je vivais tout dans les écluses du ciel et je revenais sans aucune égratignure en moi et je passais tout le temps de mes vacances qu'avec eux. Je n'ai plus le droit de m'adresser aux humains pour leur demander quoi que ce soit, car ils ne le feront pas et ils ne me donneront pas leur savoir-faire.

Alors j'ai aimé la compagnie des Anges et des quatre Etres Vivants. Et j'ai été forgée par eux, formée dans tous les sens. Et j'en suis guérie moralement, spirituellement et physiquement. Et là, la chair me détruirait tout sur son passage, mais je n'en voudrais pas à la chair parce que j'ai une chose en moi qui détermine mon passé et mon présent et mon futur.

« Crois ma fille », dit-il, en me remuant un peu pour me réveiller. Et il me dit : « Ne pense pas que tout est adaptable dans ta vie et que tout est fini pour être adapté. J'ai encore une chose à te demander. Fuis l'aspect sauvage des humains ».

Et j'ai crié Hosanna !

Puis la cour céleste en une seule voix, me dit : « Tu croirais à quoi ? On t'a assez purgée de peine ! Tu dois maintenant voler de tes propres ailes ; et tu crois qu'on va tout faire pour toi ? Ha, ha, nous ne sommes que tes Anges, on ne peut pas se mettre au four et au moulin. Toi, tu engages et nous, on te suit ».

Et toute la cour céleste répond ensemble : « On l'a trop torpillée laissez-la en paix ».
Puis, mon Ange Gardien et les Archanges Michel se lèvent et disent : « Ha, ha, ha, au moins la Cour Céleste voit maintenant quelqu'un qui résiste et qui parle, qui insiste, on va voir maintenant comment est-ce que la décision finale va se prendre ».

Puis le ciel fut dans la joie, les étoiles scintillent de toute part. Et la lune brille encore plus fort et le soleil dit encore : « Je vais brûler encore fort pour voir si je vais au moins jouer un rôle sur la terre pour elle. »
Et la pluie tombe en des gouttelettes là où il ne faut pas. Et le temps, le climat change. Et l'œuvre change de verdure.

Et le Père dans son Trône de Gloire regarde tout avec joie en disant : « Tout est fait, tout s'en est fait. Je me réjouis pour toi bien-aimée ».
Et la Cour Céleste dit : « Han ! Père aujourd'hui s'est levé dans sa gloire pour danser pour la physionomie de la fusée du siècle ! Le monde est foutu, la gloire va descendre et tout va être réparé ».

Voilà mon histoire, moi Archange Michel qui vient visiter ma fille tous les jours.
Je lui ai donné des écrits de transparence de la physionomie de l'œuvre aujourd'hui. Je lui ai parlé de sa propre physionomie. Qui peut croire ou ne pas croire ?
Hum, il s'agit du siècle pour déterminer lui-même sa température à lui et voir comment il est fait et dans quelle chaleur il a été cuit et comment il a été préparé pour être aujourd'hui sur la terre et dans le monde.

Alors craignez, les fautifs, vous qui avez fait les œuvres sataniques jadis, voilà, les vraies œuvres arrivent. Acclamez-les et acceptez-les ; ça c'est à votre risque et péril. Car c'est par rapport à cela seul que je tuerai mes humains demain.
Je vais épargner des maladies. Je vais épargner des feux de brousse. Je vais épargner des accidents. Je vais épargner de tout ce qui fait que l'homme meurt. Et je vais mettre seulement ma transparence qui sera la seule occasion de chute et de mort désormais.

Quant à toi ma Fille, bravo ! Tu as lubrifié le monde, tu as scintillé la planète terre, tu as rendu les grains de sable diamant, saphir et toute sorte d'ornement du monde ; et j'ai fait de toi, mon élue primordiale. Sache que tous ces écrits seront comme les dires odieusement parlant, qui vont racheter le monde de demain, sanctifier la planète terre et faire vivre ceux qu'il faut faire vivre. Car moi Dieu, j'ai parlé dans toute ma Trinité et dans ma gloire.
Sois bénie, sois fertile et sois fructifiée.
Hosanna au plus haut des cieux !
Amen,
Amen,
Amen !

II

RÉVÉLATION PROPHÉTIQUE HOMILÉTIQUE

APPEL AUX IVOIRIENS

JÉSUS EST DE RETOUR

Un lundi matin de Pâques 2012, Jésus me réveille vers quatre heures du matin ; et je le vois assis sur un trône de gloire avec les quatre Êtres Vivants, entourés d'Anges, tous vêtus en blanc. Puis il me dit : « Va te laver, prends ton vêtement de scène blanc et habille-toi, puis prends tes livres que je t'ai donnés à ta séance de prière passée et rédige-moi ceci. »

Toute tremblante, j'ai obéi à tout ce qu'il me disait et j'ai écrit ceci venant de sa propre bouche, en les cautionnant par "ainsi parle l'Eternel des Armées" par endroit et même par "ainsi parle Dieu" ou aussi "ainsi parle celui qui est assis sur le trône de gloire".
Et il ajoute "ainsi parle Dieu" à tous les autres endroits, sauf "ainsi parle Jésus". Car à ce niveau, il me dit toujours "je dis", et il me parle de tout et de toutes choses en disant ainsi parle Dieu ou ainsi parle le Saint-Esprit par endroit si c'est le feu qui me les révèle.

Je vis là, une belle et très belle histoire de l'amour de Dieu, sans qu'on ne sache de qui ça vient ou de qui ça pourrait être. De pieuse manière, je m'incline en sa face tous les jours qu'il me réapparaît, quand il n'est pas assis, il est debout, ou sur l'eau, arrêté en train de me parler de tout ce que je voudrais partager avec vous.

Ne me jugez point mais consultez-le s'il vous plaît. Je ne suis rien sans lui et vous non plus, donc faisons très attention à ces écrits. J'aimerais qu'on les lise et qu'on en parle dans nos dictées de prière, que de me haïr. Et si je suis dans du vrai, tu aurais donc affaire à ce grand Dieu, dont tu ignores même la capacité vis-à-vis de toi et de moi. Faisons bon usage !
Au revoir sur ce livre et à très très bientôt !
Amen

« Je ne suis pas un humain comme vous, mais je parle et j'agis certainement en vous, si vous êtes prédisposés pour ma seule gloire », ainsi parle l'Eternel votre Dieu.
« Qui peut créer un univers comme moi ? Entrez en vous-mêmes et priez, criez à moi, je ne suis pas sourd. Mais dans votre cœur, je suis le pionnier de votre Eglise Mère. C'est en cela qu'on m'appelle Eternel des Armées.

Qui peut contre moi ? Je suis le feu et vous, vous n'êtes que mes âmes ; alors qui me craint, craint mes âmes, c'est-à-dire que je ne suis pas le feu en vain. Je suis le feu de la multitude d'âmes qui est en vous.

Priez pour moi si vous connaissez mes Doctrines de l'œuvre », ainsi parle l'Eternel Dieu.
« Sinon, accrochez-vous à moi et priez sans cesse que dans vos cœurs. Ainsi je parlerai le même langage que vous un jour si Dieu le veut, c'est-à-dire si ma personne moi-même Dieu, je le veux.

Soyez bénis vous les livreurs de la prophétie haut de gamme en ce moment. Soyez délivrés vous les prophétiques de ce monde. Soyez mes missionnaires prophétiquement parlant. Soyez mes bénis et mes élus du siècle.
Prophétiquement parlant, je ne suis pas Dieu pour rien ! Ayez la foi, peuple acquis que vous êtes. N'ayez pas la foi à moitié car je suis le ré-confectionneur de toute œuvre.

Akwaba, ma mission est donc à confectionner dans le monde car ***je suis de retour***. Ma résurrection appelle à ma gloire certaine, une vie éblouissante dans le Seigneur que de venir à Dieu pour rien désormais, je suis le faire et la faisabilité de toute chose.
Ayez la foi que je vous énumère aujourd'hui. Prenez cette foi et marchez avec moi Dieu le Père, Dieu le Fils, Dieu le Saint-Esprit. ***Je suis revenu*** pour sauver mes nations. Je suis revenu pour sauver ma Côte d'Ivoire car mon onction surabonde dans cette nation et je vais faire exploser cette grâce devant tous, digne nation de l'onction, mes races choisies, mon sacerdoce royal, mes peuples acquis.

Moi Dieu de la Nation Ivoirienne,
Dieu de mes prêches,
Dieu de mes homélies.
Dieu l'Alpha et l'Oméga, dans cette nation
En prêche homilétique,
En prêche visionnaire,
En prêche prophétique,
En prêche "révélationnelle",
En prêche visionnaire prophétique,
En prêche "révélationnelle" prophétique,... etc, etc.

Toute cette onction de la prophétie abonde dans cette nation, mais qui a la vraie ?
Prosternez-vous tous et cherchez la vraie.
Guérissez-vous avec la vraie.
Priez beaucoup avec la vraie.
Je ne suis pas noir, je suis la transparence divine.

Prophétisez-en et courez au but, allez au but, avancez au but. Je ne suis pas un missionnaire, mais je suis le missionnaire prophétique de la mission que j'ai moi-même engendrée dans ce monde. Priez pour moi vous tous qui peinez sous vos lourds fardeaux et je me révèlerai à vous en Esprit et en vérité car ***je suis une onction***.

En partant au ciel, devant mes apôtres, je suis monté en onction, ils m'ont tous vu. L'œil nu ne pouvait pas me voir mais eux, ils me voyaient parce qu'ils avaient déjà reçu le Paraclet.
L'Esprit de Dieu qui est redescendu, est une onction divine, est la vue du Paraclet, est le soleil du Consolateur, est le sommet de toutes actions de grâces.

Portez-vous bien et margeons dans la vraie onction de vérité et nous saurons créer nos petits démons ailleurs, pas dans nos Eglises. Ainsi parle l'Eternel Dieu, le Consolateur Divin, la Divinité Suprême, le Dieu trois fois Saint, l'Alpha et l'Oméga, le Saint, Saint, Saint.
A lui seul la gloire et non à satan.
A lui seul la gloire et non pas à lucifer ;
Car Lucifer pour moi, c'est un objet.
Or moi, je suis réel, je suis Dieu.
Portez-moi en prière et vous vivrez heureux. »

Tournant le regard vers moi, il me dit : « Parle ma Fille à ce peuple acquis, à ces cœurs endurcis, à ce peuple malade, à ces hommes qui cherchent Dieu. Montre-leur le chemin car je suis le véritable chemin, je suis la droiture, je suis la faisabilité de toutes choses et je t'ai ointe et engendrée pour cela.
Alors fais connaitre ces choses perdues aux égarés et moi je les rémunérerai ; selon la vocation sacerdotale de leur âme et selon le rythme cardiaque de leur esprit ; mais selon aussi la voix de l'Ange qui les reprendra chaque jour, chaque fois qu'ils pêcheront, pour les mettre sur le droit chemin.

Ainsi parle l'Eternel Dieu à ses filleuls, au nom de Jésus le Consolateur, ***le "de retour"***, *le* ***nouveau Jésus Christ et le vrai*** en principe, le Saint, Saint, Saint, l'Alpha et l'Oméga, celui qui est de retour, l'Etoile brillante du matin.
Alléluia !

Portez-vous tous bien et ne vous égarez plus jamais car Côte d'Ivoire est sauvée ; *Jésus s'est révélé dans cette nation. Fouillez dans la nation et vous trouverez l'onction de vérité cachée quelque part,* vous la découvrirez et vous vous orienterez vers elle, et vous vous accrocherez.

Je suis même cette onction et je suis même cette lumière et je brûle dans l'obscurité et personne ne voit ni ma fumée ni ma lumière. Alors que la grâce divine descende sur cette nation. Portez-vous tous bien, peuple ivoirien !
Amen,
Amen,
Amen !

Priez et soyez sans crainte, je suis dans vos murs ivoiriens. Pourquoi donc convoitez-vous encore le mal ? Pourquoi cherchez-vous encore à condamner telle ou telle personne ? Pourquoi réfléchissez-vous encore à l'envers ? Regardez votre Dieu une énième fois en vous et sachez qu'il est vivant. Alors, ressuscitez votre âme, ressuscitez-vous et allez de l'avant.

L'épreuve de la Côte d'Ivoire n'est qu'une épreuve pour avancer. Je mets toujours une épreuve devant mon peuple que je veux relever. Souvenez-vous d'Israël et accrochez-vous à moi. Souvenez-vous du peuple juif et accrochez-vous à moi. N'est-ce pas devant vous que j'ai ressuscité les ossements desséchés des juifs ?
Alors, ivoiriens, ivoiriennes, réconciliez-vous et mettez un peu d'eau dans votre vin car je suis de retour. Vous n'avez pas encore appris ça ? Vous n'avez pas su ? C'est que vous n'avez pas le Saint-Esprit, vous n'avez pas le Paraclet ! Sinon, le paraclet est la porte du bonheur de mon retour, car je suis de retour en onction et en vérité.

J'ai dit à mes Apôtres, la manière dont je partais au ciel en Esprit et en vérité, c'est de cette même manière que j'allais descendre. Mais vous n'avez pas compris et vous me cherchez encore dans les maternités.
À qui la gloire ? Souvenez-vous et rectifiez-vous car la nation ivoirienne va brûler d'onction. L'onction va rejaillir dans cette nation et chaque ivoirien recevra sa part. En ce moment, on dira "le Dieu des ivoiriens" ; on ne dira plus "le Dieu des juifs".

Si vous avez compris cette leçon, accrochez-vous et posez des actes précis avec ce que je vous dis ce jour, car je veux que tous les ivoiriens sachent qui est de retour.
Est-ce que je suis vraiment de retour ? Ou bien c'est seulement la Bible qui dit que je suis ressuscité mais je reviens bientôt ? Je reviens encore bientôt ? Vous êtes dans quelle ère, dans quelle époque ? Je reviens bientôt, c'est dans quelle année ? Il y a plus de 2000 ans ! Donc je suis présent.
A bon entendeur Salut ! »

COMMENT ŒUVRER DANS LA GAMME DE JÉSUS ?

Je ne suis pas laïque, mais j'ai pris de la bouche de ma propre Mère (le Saint-Esprit), les bénédictions me concernant. Mais c'est faux ! Toutes ces bénédictions sont à l'œuvre de Dieu.
Je ne comprends pas pourquoi mes messages me parviennent dès ce jour. J'ai tout dit et tout décrit que je n'étais pas Dieu, mais *en moi, il y avait une personne qui est assise et même bien positionnée pour avoir affaire à moi-même et à mes préceptes seuls.*

Je crois que Dieu m'a lorgné pour ça jadis. Il ne voulait même pas que j'apprenne quelque chose de lui à cause de ce système, mais je suis naïve et fière, car aujourd'hui, il m'a tout décrit, et j'ai hâte de connaître ma propre personne dans ces écrits. Maintenant, je peux même multiplier mes pains et mes gains à ce niveau.

Prendre un texte biblique de la part de Dieu, de la bouche de Dieu, ce n'est pas facile. Je me mettais en extase prophétique d'abord, c'est-à-dire, chanter, louer Dieu, pour qu'il me parvienne d'abord. Mais en ce moment où je vous parle, il me décrit toutes ces œuvres immédiatement quand je l'appelle.
Pour moi, c'est chose facile, mais pour d'autres, c'est impossible car il ne répondra jamais à leur appel instantanément. Voilà où j'en suis avec l'œuvre de Dieu.

Mais, mes missions sont aussi téléguidées par lui et je m'oriente vers lui pour les accomplir et seule. Je n'avais pas le droit de faire ça, car, il me recalait avec sa nature d'âme qu'il était avant en moi. Mais aujourd'hui, c'est chose facile car mon opinion privée marche dans la doctrine de Dieu et je fais ma Doctrine de Dieu avec.
C'est ainsi que je peux prier et prêcher avec le Mouvement du Saint-Esprit seul qui était en moi, que j'appelais le Mouvement du Saint-Esprit Mère. Mais en réalité, c'est du Mouvement du Saint-Esprit qu'il s'agissait dans tous ces écrits, dans toutes ces méthodes de vie que j'ai menées dans ce ministère.

« Avance et avançons », me disent-ils tout le temps dans les creux de mes oreilles. Mais je crois qu'ici, l'œuvre est à moi pour elle, mais je n'ai pas l'œuvre en moi pour elle seule. Je l'ai également pour toute ma communauté divine ; c'est-à-dire, ciel, terre, mer, fléaux, arbustes de jadis, comme les ondes de ma préhistoire et je les ai toutes enfouies en moi pour rien, car il est même le faiseur de l'œuvre.

Et tous ces brevets professionnels de l'œuvre pour moi, sont tous décrits dans le mystère de la foi qu'il m'a remis ce matin. Mais je l'aide à me "ré-comprendre" sur ces fléaux de jadis pour lui et il est comme ma lumière en moi ; j'aime ça.

Et Dieu aide cette lumière à s'épanouir en moi, pour sa confession religieuse qu'il m'a confiée de lui-même et de vive voix, dans ces écrits pour le peuple du monde entier.
Je ferai donc tout pour que ces écrits sortent car ma vie en dépendra toujours et je suis fière de les avoir reçus ce matin 22/01/2018, l'heure même à laquelle il m'envoie à la mission, des copies du régiment, le savoir-faire en moi.
J'ai hâte de découvrir maintenant mon ministère à travers ces œuvres. Il est Dieu et il ne m'abandonnera pas comme on l'a abandonné sur la croix. C'est ainsi que je pars.

Bénissez-moi vous aussi âmes célestes, car mon jour à moi est de retour. Comme il est de retour dans cette nation, moi aussi je cours vers lui pour être bénie de par les hommes et même les choses qu'il m'envoie.
Je suis fière de le retrouver vivant et solide sur mon chemin. Il n'est vraiment pas mort et j'atteste cela, qu'il est ressuscité et qu'il vit.
Mais moi je fais quoi de sa résurrection et de sa vie qu'il mène aujourd'hui dans le ciel pour moi ? C'est cela que nous allons tous découvrir de par les actes prospères qu'il posera et qu'il imposera dans ce ministère, comme jadis dans les Evangiles et même dans sa course vers la parole de Dieu qui lui était conférée.

Je l'embrase en moi. Vous, faites aussi votre histoire avec elle et avec lui, car en moi se loge paisiblement la Trinité Sainte représentée par la Mère et le Feu de Dieu dans toute son action globale, représentée par le Père qui est le Fils, Dieu le Fils, Dieu l'Esprit, Dieu le Père.
Mais je suis seule au milieu d'eux en tant que laïque et je les représente tous sur cette terre, dans le nom de Jésus qu'ils m'ont donné jadis pour être arrogante et fertile. Ils sont tous unis par le Saint-Esprit en moi et je suis leur porte-parole.
C'est ainsi qu'ils m'ont créée dans ces temps-ci au milieu de vous. Je fais seulement mes œuvres, ne me haïssez pas s'il vous plait.

Prenons la chose du bon côté et haïssons plutôt nos ennemis au lieu de nous retourner contre nous-mêmes, car Dieu ne s'investit pas au hasard en une personne. Il peut aussi avoir des appelés comme moi parmi vous.
Et critiquez moins ces livres car tout est Esprit et Vie à l'intérieur.

Je bénis vos vies, vous qui convoiterez ces livres pour faire du bien dans vos vies.
Je bénis encore vos vies pour que Dieu vous éclaire, mot par mot décrits dans tous ces livres.
Je bénis aussi votre ère pour que vous soyez dans la position ou dans la disposition de Dieu. Mais, être intellectuel est plus facile que l'œuvre. Il y a toujours des hauts et des bas, mais penchez toujours vos oreilles vers le Plus-Haut et il vous comblera de joie. J'ai moi-même fait l'expérience.

Qu'il y ait plusieurs écrivains de l'Eternel dans ce monde, là c'est mon but à atteindre. Mais, que l'onction réelle du Saint-Esprit les anime, ça aussi c'est mon problème clé. Plus de faux et de fausseté dans cette nation. Nous avons assez souffert, révisons nos onctions et planifions nos vies avec le Très-Haut.
C'est tout ce que j'ai à dire à ma nation dès ce jour, pour qu'elle crie de joie, que Dieu soit enfin dans ce pays.
Amen,
Amen,
Amen !

Et tous ces écrits qui vont suivre, vont nous les prouver. Puis "Gloire à Dieu" et "Hosanna au plus Haut des cieux", vont être proclamés dans toutes les cours et tous les petits carrés de la Côte d'Ivoire, avec zèle et avec joie.
J'ai fait ma part, car, ces écrits vous parviennent enfin et je ne suis plus en danger vis-à-vis du Père, car il est le seul qui m'envoie vous écrire ceci.
Portez-vous tous bien et portons-nous tous bien dans l'onction de Dieu qui est la vérité.
Amen !

Ma part d'héritage, c'est Julie qui vous écrit. Soyez riches dans tous ces écrits et allons seulement à la guerre de nos agresseurs, que de nous entretuer pour une histoire de spiritualité.
Je maudis ceux qui se lèveront contre ces écrits et je bénis même l'étranger qui n'est pas ivoirien et qui accourt vers ces écrits. Les portes sont ouvertes, entrons par la grande porte que de les maudire. Joie, joie, joie, est ma foi dans ces livres.
Amen !

Ma Mère qui est en moi, vous dit au revoir sur ces écrits et à très très bientôt pour un autre livre de foi, peut-être plus dramatique en écrit que celui-ci. Mais toujours est-il que la croyance fait l'affaire de Dieu.

Je m'arrête là pour ne pas encore vous dire des choses plus sourdes que ça, mais on croit, on jeûne, on adhère et le Mouvement du Saint-Esprit s'acclame avec. Je vous laisse.
Dans la peau de l'œuvre de Dieu, je vous ai dit ceci.
Amen,
Amen,
Amen !

« Gare à toi si tu me les diffames toi qui l'écris », dit Dieu.
Alors, même moi, ma vie est en danger à partir de ces écrits. Alors, j'en prends soin et faites comme moi.
Amen,
Amen !

III

EXHORTATION BIBLIQUE

SAINT-ESPRIT EST DE RETOUR

SAINT-ESPRIT EST DE RETOUR

Puis, en fin de journée dans l'après-midi, il me réapparaît dans un feu turbulent et rempli de braises tout autour de lui ; il me dit : « Sors ton livre blanc et écris moi ceci. »
Je le regardais fixement dans les yeux en ce moment précis, avec une crainte dans le cœur et il me dit : « *Moi Saint-Esprit, je suis de retour*. »
« Moi Dieu, j'ai appelé ma Mère, mon onction et mon Esprit ; j'ai même dit, ma Fille, ma présence divine qui est toujours moi et comment j'apparais à quelqu'un et comment je fais quelque chose en Esprit dans la vie de quelqu'un.

J'ai énuméré toutes ces choses en une congrégation raciale, en une vie systématiquement spirituelle et en une vie synthétiquement bénie de Dieu, car ma propre personne qui est Dieu, l'a bénie et a béni le ministère pour moi-même afin que je sois moi-même l'œuvre, que je sois moi-même la faisabilité de l'œuvre, que je sois moi-même le faire et le dire de l'œuvre.
Et j'ai moi-même fait toutes ces choses moi-même tout le temps au milieu de vous. Puis j'ai moi-même indexé un être humain, quelqu'un au milieu de vous pour lui donner ces fléaux. Mais j'ai exercé ce ministère moi-même et seul dans le ciel pendant tout ce temps, pour lui comme pour vous.
Et cette personne que j'ai choisie, ce n'est que l'Esprit de Dieu. Cette personne que j'ai choisie, ce n'est que le Saint-Esprit. Cette personne que j'ai choisie, ce n'est que mon propre Fils.
A l'époque, mon propre Fils nous l'avons nommé Jésus sur la terre ; nous l'avons tous nommé au ciel, Esprit de Dieu. Il nous l'a envoyé aujourd'hui encore en tant que Jésus, mais Saint-Esprit. La personne change de nom et de gamme ; elle change de personne à qui elle a affaire.

Je ne suis pas Dieu pour rien ! Et vous me diffamez dans toutes mes faisabilités. Je croyais que mon œuvre allait prendre de l'ampleur comme ça afin que le monde entier change un peu de gamme dans la faisabilité de l'œuvre de Dieu dans le monde. Mais personne ne pouvait me comprendre et personne ne pouvait m'ajuster à lui.
Quand on regarde la faisabilité de l'œuvre, c'est-à-dire la manière dont Dieu travaille, on prend la femme, on prend l'être humain, on met de côté ; on ajoute tous les fléaux qu'on peut et on croit qu'on est dans la Bible nouvelle ; on croit aussi qu'on est dans la Bible ancienne ; on croit même qu'on est dans la parole de Dieu.

Je suis l'œuvre, comment je ne pourrais pas me faire en toutes circonstances ? Comment je ne pourrais pas me faire dans toutes les conditions ? Au niveau des malades, je me fais. Au

niveau des possédés, je me fais. Au niveau des grandes œuvres, je me fais. Dans tous les triomphes du ministère passé, futur, présent, je me fais ; et je me ferai toujours.
J'ai quoi à me reprocher de l'être humain ? J'ai dit quoi à l'être humain qui m'empêche d'œuvrer au milieu de vous ? J'ai façonné quoi en l'être humain qui m'empêche de dire toutes mes vérités au milieu de vous ?
L'Esprit de Dieu ne m'a pas oint ? Ne suis-je pas moi-même l'Esprit de Dieu ? Ce n'est pas moi la personne de Dieu ? Ce n'est pas moi-même la faisabilité de l'œuvre de Dieu ? L'Eternel n'est pas enfoui en moi ? Ne suis-je pas les bras de Dieu, le faire de Dieu, la personne de Dieu, le faire révélé ?

En sa Genèse, il nous a déclaré sa venue dans une dimension d'étude de formation, d'enseignement, dans une gamme de la connaissance de la chose de Dieu en profondeur, en largeur. Mais tous ses dires nous ont mis au repos, n'ont pas permis qu'on œuvre car l'information et la formation de toutes ces études, des personnes agréées, pour être les interprètes de demain, n'ont pas su interpréter, n'ont pas su comprendre la chose de Dieu, n'ont pas su adhérer à la chose.
Et la chose comme vous la voyez, est toujours restée enfermée, prisonnière, déchue, déclarée annulée comme si ces choses n'ont plus le droit de voir le jour, de faire l'œuvre, de faire ce pourquoi je les ai toutes prononcées dans toute ma divinité, dans toute mon omniscience et omnipotence. Ces trois grandes gammes nous ont été révélées dans la Bible ancienne. Mais je les ai toutes mises en application dans toutes mes gammes du siècle.

Et voilà, je suis vomi par l'être humain, déraciné par l'être humain, enchainé par l'être humain et personne n'ose me croire, personne n'ose me dire des choses vraies pour que j'approuve et que je l'élève. Tous cloués à une étude d'alternance totale qui s'enfuit vis-à-vis de Dieu, son faiseur de tout bien, son créateur de tout bien et de toute œuvre.

Qu'ai-je à me dire ? Je suis la voix de l'Ange, je suis la personne qui vous parle en tous ces lieux, en tous ces sens en toutes ces doctrines. Malmenez-moi encore, manifestez-moi. Je suis Dieu la manifestation aigüe de l'Esprit, la manifestation puissante du Saint-Esprit, la manifestation démesurée de la part de l'Esprit de Dieu pour Dieu.

Je ne suis pas Dieu, pourquoi mes études vous perturbaient ? Pourquoi mes enseignements vous rendent fous et folles ? Pourquoi l'homme vous jette des pierres pour ce que j'ai déclaré aujourd'hui, l'Esprit qui devrait revenir et qui est revenu ? Pourquoi l'homme ne comprend pas la

Genèse, les Evangiles, afin de mieux me juger ? Et selon ces deux livres, pourquoi les gens ne comprennent pas que l'Apocalypse, c'est encore moi ?
Et même toi qui m'écris, tu es encore l'œuvre de l'Apocalypse car c'est le ministère qui déclare ces choses et qui les met à l'écrit. L'homme n'a aucune part. L'homme n'a aucun don qui se manifeste là, c'est la présence divine seule qui s'agite, qui se mouvemente, qui se met en application, qui se dit les choses, qui se fait les choses, qui se ferme les portes, car la faisabilité de l'œuvre au niveau des humains, n'est pas encore bien descendue comme Dieu le veut, comme Dieu le pouvait.

Saint-Esprit est ma propre personne dans le ciel. Saint-Esprit est mon propre Dieu. Saint-Esprit, c'est enfin moi Dieu, dans mon omniprésence et omnipotence, qui prend toutes ces allures pour parler dans tous les sens, qui se met même à la place des humains, à la place des choses, pour vous dicter tout, pour vous parler de tout, pour vous rafraîchir tout.

Je suis lorgné dans ces écrits, pourquoi ? Ne suis-je pas le même ? Ne suis-je pas Dieu, l'envoyé, le propriétaire de l'envoyé et l'envoyeur, tout à la fois ? Ne suis-je pas celui qui parfait toutes choses, qui accomplit toutes choses, qui actionne toutes choses ?

J'ai dit que j'ai déclaré. Vous, vous me dites "qui a déclaré et qui n'a pas déclaré ?".
Alors, foutez-moi tous la paix, car Dieu, il est unique, il n'y a qu'un Dieu dans le monde.
Si Dieu qui est dans le monde ne peut pas se faire passer pour Dieu qui est dans le ciel et qu'il n'y a pas eu de Dieu au ciel, c'est que tous ces dieux mondains sont en train de prendre de l'ampleur sur ma terre ! Or, le Dieu qui parle et qui actionne ici en ce moment, ce n'est point le dieu mondain, c'est moi Yahvé Jiréh, c'est moi Jéhovah, c'est moi Saint-Esprit, c'est moi le Père, c'est moi le Fils. Et hier, c'était moi l'Onction et l'Esprit, aujourd'hui, qui se fait appeler la Fille, l'Envoyée, la Mère.

C'est moi qui prends toutes ces dérivées et c'est moi qui m'engage comme ça dans ce ministère présent, afin que vous soyez détruits en esprit mondain et que vous soyez relevables en Esprit du ciel. J'ai tout fonctionné au milieu de vous, j'ai tout fait au milieu de vous.
Que personne ne me comprenne, mais la compréhension guérit, la compréhension élève, la compréhension sauve, la compréhension libère, la compréhension fait des oracles, la compréhension fait des prodiges, la compréhension fait des firmaments hauts et bas, des monts et des merveilles pour l'œuvre de Dieu, pour l'être humain, pour les choses, pour les reptiles, pour les eaux, pour les rivières et tout ce que j'ai créé. Les montagnes ne seront pas épargnées, rien ne

sera déchu. Je suis Dieu, le convoyeur de toute sorte d'esprits, le faiseur de toute sorte d'œuvres, le "manifestateur" de toutes sortes d'actions de grâces.

J'ai dit mon nom une énième fois, j'ai dit mes préceptes une énième fois, une vingtaine d'une énième fois. J'ai toujours été égal à zéro.
Ma personne qui parle dans ma plus haute gamme de puissance, omniprésence, omnipotence et omniscience, n'est pas reconnue. Alors je vais me retirer de la bouche des humains et je vais repartir dans mes actions plénières, comme ce que je faisais dans la Genèse, dans l'Apocalypse et même dans les Evangiles.
Est-ce qu'on me croira seulement dans mes actions qui maintenant seront des prodiges, des miracles, des oracles, au milieu de vous, qui n'auront rien à voir avec l'entendement et la fertilité des choses, qui devront faire repousser tout sur la terre ?

Ô Dieu que nous sommes dans le ciel, Dieu ma faisabilité de l'œuvre, Dieu ma propre personne et ma fertilité, Dieu mon convoyeur des actes humains, Dieu mon omniscience, Dieu mon omnipotence, Dieu mon omniprésence, je fus dans tous ces écrits.
En l'Eternel des Armées, j'ai déclaré ;
En Jésus, j'ai dit ;
En Saint-Esprit, j'ai parlé,
En Mère divine, en Mère orientale,
En Mère de toutes sortes de gammes proclamées ».

Qui doit-on invoquer dans cette communauté du divin amour ?

Je ne sais pas, mais toujours est-il que je ne suis pas Père, mais je suis la fille du Père ; mais je ne m'appelle pas Père, mais je suis comme l'envoyée du Père, mais je n'enfante pas en Père.
Cela veut dire que si je suis en Père, je ne serai qu'en Jésus seul, mais en Mère c'est comme si j'avais Jésus au préalable et qu'on me redonnait le vrai Dieu qu'en Esprit seul. Cela veut dire que Dieu n'est pas Esprit ici et qu'il faut me le donner qu'en Esprit seul. Or c'est faux.
Dieu est Esprit et comme ça Dieu ne se fait pas Esprit pour rien. Il se fait d'abord passer pour *Esprit Saint*, dans le cas de la mort sur la croix. Et enfin qu'il soit élevé du siècle, il prend l'allure du *Saint-Esprit* pour réapparaître que dans le monde.

Alors, il est qui dans le monde présent **?** Ce n'est pas Dieu qui s'était fait petit dans le ventre de Marie ! Marie a accouchée d'un Fils et il était Esprit ! Pourquoi donc Esprit ? Ce n'est pas lui le revenu du siècle ?
Alors qui est le Jésus que nous adorons maintenant ? Le siècle présent a besoin d'un Dieu et c'est lui le Jésus ressuscité ! Alors qui est ce Jésus ressuscité en réalité ? Ce n'est pas lui le mort renouvelé à la tâche difficile de l'œuvre, c'est-à-dire réveillé selon l'œuvre ou ressuscité selon la part d'héritage de l'œuvre de Dieu !

J'en suis rare dans ces écrits. Mais je dis que Dieu n'est pas mort sur la croix pour ça, il est mort pour autre chose, c'est-à-dire, qu'on l'a assassiné, donc il n'est plus mort pour nous. Mais pourquoi dit-on dans la Bible ancienne qu'il est mort pour nous sur la croix et autres **?** C'est faux ! Dieu ne meurt jamais. Amen !
Et c'est son Esprit Saint qui est mort pour nous, si nous affirmons qu'il est mort sur la croix. Or, Dieu qui est Esprit Saint, ne meurt jamais comme un poulet sur la croix.

Qui donc est mort sur la croix ? C'est Jésus le Christ Sauveur. Mais c'est faux ! Christ Sauveur n'est pas mort lui aussi, il est vivant. On parle du ressuscité ! Donc il est vivant !
Et comment faire pour nous rendre compte ou bien pour savoir qu'il est vivant, on n'est pas au ciel avec lui, ni sous la terre avec lui non plus, mais comment on peut se rendre compte que toutes ces choses-là, s'étaient réellement passées à Golgotha et même dans la tombe, même si la bible est fausse ou vraie ? Comment faire pour vérifier ? Il y a plus de 2000 ans de cela !

Alors c'est vrai qu'il est mort, mais pas comme ça, comme les gens ont détaillé dans la Bible, il était seul dans sa couche sociale, il a vu venir les gens, il s'est caché ; mais l'autorité suprême l'a mis devant eux, puis il est mort dans leurs mains instantanément sur la croix. C'était une mise en scène. Point Final.

Mais si tu dis ça aux gens aujourd'hui, est-ce qu'ils vont te croire ? Golgotha n'est point un Golgotha nouveau, c'est un ancien Golgotha ! Et l'ancien et le nouveau, doivent faire un ! L'ancien c'est que la croix a existé ; mais pour le nouveau, la croix n'existe pas. Il est mort sur le champ.
Quand bien que tu ne crois pas à l'ancienne croix, tu dois croire à la nouvelle croix qui signifie toujours, tuer Jésus dans notre vie sans cause, en me rejetant ses paroles.

C'est ainsi que je dis que c'est vrai, il est mort sur l'ancienne croix, mais pas la nouvelle. La nouvelle c'est celui qui le rejette, il meurt dans sa vie ; celui qui l'abandonne, il meurt dans sa vie ; celui qui le médite en mal, il meurt dans sa vie.
C'est en cela que j'ai dit que Jésus n'est plus une personne qui meurt instantanément comme ça ! Il est Onction, il est Esprit, il est Vie. Il vient en nous quand il peut, il repart de nous quand il peut et quand il faut.

C'est en cela que j'ai dit que l'Esprit ne meurt point et qu'à Golgotha ce n'est pas l'Esprit, c'est-à-dire Jésus lui-même qui fut mort ; c'est sa chair natale. C'est-à-dire, celle qu'il a pris dans le ventre de Marie ; c'est ainsi qu'il est mort. Mais comment on le cherche encore dans le ventre de Marie dans tous les hôpitaux du monde !

Et je ne crois guère en cette hypothèse. Jésus n'est pas mort pour ressortir dans le ventre de Marie ou d'une autre femme ; il est mort par l'épée, les attachements, les cordes, les clous, les couronnes d'épines, les chicottes, la violence sur sa chair Mais cela ne veut pas dire qu'il est violent ! Il a subi toutes ces atrocités. C'est pourquoi la guerre ne finit pas dans le monde. Point Final. Mais nous, nous, allons arrêter tout cela.
Amen,
Amen,
Amen !

C'est ainsi que je vais vous dire que : La Mère synonyme du Saint-Esprit, était au rendez-vous dans le ventre de Marie et sur la croix quand il a été rendue à Père ; c'est en cela qu'on dit, Dieu est Esprit.

Mais s'il doit revenir, c'est la même onction qui est Esprit, qui a été rendue au Père, qui doit venir !
Mais s'il doit revenir, c'est la même onction qui a été rendue au Père au départ, qui était au rendez-vous dans le ventre de Marie, qui a été rendu au Père, c'est elle qui doit revenir !
Amen !

S'il doit revenir, là c'est la même onction qui est le Saint-Esprit, au départ qui était entré dans le ventre de Marie, et à la croix qui a été rendu au Père, qui doit revenir, n'est-ce pas ? Puisque la chair n'est rien, la chair est pourrissable.
La chair c'est la même chose, il l'a prise seulement dans le ventre de Marie. La chair c'est une chose, n'est-ce pas ! Elle est pourrissable, elle est jetable. Pourquoi parfois on peut couper les jambes des gens, on peut couper les bras des gens et puis tu vis encore, même si l'Esprit n'est pas dans le corps. Amen
Mais pourquoi nous n'arrivons pas à recevoir cet Esprit-là, qui a été donné à Marie à la fécondité de Jésus ; qui est monté au Père quand Jésus disait son adieu devant les gens et qui doit revenir !

Maintenant qu'il revient en Esprit ou qu'il est de retour en Esprit, pourquoi nous n'arrivons pas à l'accueillir en nous ?
C'est ainsi que nous, nos études et notre ministère sont d'abord basés sur ça ; parce que, s'il n'est pas de retour, c'est qu'il n'y a pas de ministère dans le monde **;**
S'il n'est pas de retour, c'est qu'il n'y a pas d'œuvre dans le monde, c'est ce que vous ignorez !
S'il n'est pas de retour, dites-moi avec quoi vous œuvrez ? Vous construisez de grandes églises avec quoi ? Vous travaillez avec quoi ? Or c'est lui l'épée, l'outil de travail de Dieu !

Si tu n'as pas le Saint Esprit, la Mère, l'Onction, etc. ne dis jamais que tu fais l'œuvre de Dieu. Voilà où nous sommes tous faux dans le monde ; on se base toujours sur l'onction des rivières et autres.

L'Onction **?** J'ai parlé tout à l'heure d'onction qui n'est pas encore venue ! Mais pourquoi on prend pour les rivières, pour les marigots, pour les bois sacrés, pour les animaux, etc, etc ? C'est pourquoi j'ai dit, moi Dieu des armées célestes, qu'il n'y a pas d'œuvre sur la terre. Point Final.
Et tout est basé sur du faux, rien que du faux. Car mon Fils n'est pas apparu dans vos vies, il n'a rien dit, il n'a rien fait et vous me mentez aux peuples selon vos petits français et vos propres brevets d'études dont la souche a été écrite il y a plus de 2000 ans et que vous appelez la Bible, sur laquelle vous jurez toujours avec les paroles de vos ancêtres, la Bible ancienne.

C'est comme si vous condamnez vos propres ministères et missions avec ces vieilles paroles, ces vieux écrits. Qui d'entre vous a l'âge de ces écrits ? Même pas vos aïeuls !
Amen

Corrigez et relisez ça devant tout le monde entier et je les recalerai selon leur propre brevet professionnel des écrits de je ne sais quoi !
Alors qui veut que je règle son cas avec les paroles de Dieu ? Qu'il vienne à la nouvelle source ; elle jaillit et elle afflue, elle déborde. L'onction déborde, la présence de Dieu déborde dans cette nouvelle communauté où la Bible nouvelle est écrite, où le sang de Jésus afflue.

Et les morts d'hommes dans les églises laïques suggèrent que nous, notre communauté est fausse. Sur quoi se basent-ils pour dire cela ?
Ils n'ont pas vu des écrits saints dans cette communauté, la main de Dieu et l'onction de vérité jaillir dans cette communauté ? Ils sont dans du faux et ils ne veulent jamais reconnaître leur forfait.
Nous allons leur montrer qui est civilisé dans la voie spirituelle de Dieu. Et on va les raser tous, coiffer leurs églises, les raser tous et leur porter des chapeaux de guerre parce qu'ils vont s'en prendre à nous. C'est comme ça je veux que vous parliez à mes ivoiriens de demain.

L'Église est fausse dans le monde entier. Moi l'Eternel des armées, j'ai déclaré ceci.
Point Final
Tout est basé sur du faux et voilà ce que j'ai déclaré à ce sujet. Celui qui a l'audace, qu'il m'interroge lui-même s'il peut parce que si tu n'as pas l'onction, tu ne peux pas interroger l'onction et l'onction ne pourra pas te répondre en onction, c'est comme si tu n'as pas Jésus qui est de retour, tu ne peux pas interroger Jésus qui est de retour et il ne peut pas te répondre en tant que Jésus qui est de retour.
Si tu vas toujours encore interroger Jésus Christ, c'est que ton Jésus que tu interroges là, c'est un cadavre. C'est vraiment un cadavre que tu interroges parce qu'il est toujours mort, il n'est pas encore venu.

Et si c'est à Jésus Christ que tu penses qu'il est mort-là, qui te parle et qu'il n'est pas encore revenu, c'est que ce sont ces esprits là que tu adores, ce sont ceux-là que tu adores réellement, ce n'est pas Dieu.
Amen

On s'en fou, on dit la vérité. On dit qu'il est de retour, il est vivant. Vous vous dites, il vient après. Mais s'il vient, celui qui n'est point mort, vous, vous allez consulter son cadavre. Mais attendez pour vous là, il n'est pas encore réveillé ! Quand bien même vous dites qu'il est ressuscité et il ne vous a pas encore donné lui-même le feu vert pour faire l'œuvre parce que vous êtes dans du faux ! C'est avec son cadavre que vous travaillez.
Amen

Celui qui dit que c'est faux, qu'il aille se planter devant l'Eternel Dieu, ils vont débattre le sujet.
Quelqu'un qui est mort, vous partez le consulter jusqu'à présent. Ce qu'il a écrit il y a plus de 2000 ans, vous l'interrogez toujours la dessus !
Aya ! Vous aussi ! Il a écrit ces choses avant sa mort d'après vous ; ce n'est pas quand il est ressuscité qu'il a parlé, mais avant sa mort. Il est donc mort ! Comme il est ressuscité, interrogez-le !

Mais s'il n'y a pas ça, l'église est fondée sur quoi ? Voilà pourquoi je veux qu'on annonce au monde entier que Jésus est de retour, en Onction et en Vérité. Et notre enseignement sur cette Onction là nous a été toujours diffamé, mais c'est la puissance de l'univers, parce que sans ça il n'y a pas l'univers.
Les thèmes de Dieu, ça ne rentre pas dans ma tête, ça ne rentre pas dans mes oreilles, mais c'est ça qui sauve l'humanité ! On a tous rejeté la base.
Il est venu sur la terre comment ?
Il est rentré comment dans le ventre de Marie ?
Il est parti au Père comment à partir de la croix ?
Il est monté comment au ciel devant ses apôtres ?
Il revient comment ?
Ne jouons pas avec la vérité !

Merci à toi Jésus, moi l'Agneau de Dieu
Je vais révéler toute cette vérité à ma Servante.
Elle va l'annoncer d'abord au peuple ivoirien.
Et nous allons graver cela dans la mémoire des gens.
Puis après, il va commencer encore à faire de petits plans pour faire des réunions sur les Doctrines qui vont descendre.

LE VRAI SENS DE LA MORT DE JÉSUS SUR LA CROIX

Jésus est mort sur la croix pour qui et pourquoi ?

Alors nous mourons tous si et seulement s'il est mort sur la croix, rien que pour nous connaître pécheurs,
- ou nous démontrer nos péchés par A +B,
- ou nous effacer nos péchés sur la terre,
- ou nous fermer la porte des humains sur les fléaux de Dieu etc. etc.
- comme pour nous marier,
- pour nous bénir,
-pour nous ressusciter des morts, c'est-à-dire, nos problèmes mondains,
- pour écœurer nos ennemis contre nous, etc. etc.

Ce n'est pas ça que la mort de Jésus signifie, c'est plutôt :
- refaire la planète terre,
- diriger le monde tout entier,
- replacer les galaxies là où il ne faut pas,
- diriger le soleil où il n'y en a pas,
- faire briller la lune là où il faut et non pas dans les villes trop éclairées ni dans les vies trop éclairées, sagesse, discernement et autres, Refaire la terre,
- refaçonner l'humain,
- recréer les animaux d'une autre manière bien sûr.
- ré-embellir les plantes et même les faire pousser là où il ne faut pas, avec toutes sortes d'engrais pour ne point en acheter ni en créer;
- fermer la porte de Lucifer sur notre passage,
- recréer la vie et la vue de nos défunts,
- faire apparaître ceux qui sont morts dans la gloire,
- et faire ressusciter au ciel ceux qui n'ont pas droit à la seconde vie,
- mais supprimer l'enfer s'il le faut,
- et guérir le monde entier avec s'il le faut.

Plein de choses expriment la mort de Jésus sur la croix. Et nous, nous nous cramponnons toujours sur nos péchés, nos minables vies de la terre, etc. etc ; sans convoiter le plus ou le surplus dans ce monde. Jésus est mort sur la croix pour nous seulement, pour des choses terrestre ?

Dommage à vous si vous me blasphémez en ces écritures-ci. Je ne saurai vous secourir, selon la croix de sa mort à Golgotha. -Et vous serez toujours dans les rituels de la croix
- à porter toujours sur votre dos,
- à tomber trois fois sur le poids de cette croix que vous porterez au dos,
- à mettre le signe des meurtrissures sur votre front comme dans les clous, dans nos mains dans nos pieds.

Dommage ! J'en suis désolé, ma croix n'avait pas du tout ce sens dans votre vie. Otez-la et blanchissez-la pour qu'il n'y ait plus jamais de croix dans le monde ni sur vous ni dans vos vies ni dans votre monde ni dans votre univers ni en quoi que ce soit vous concernant.

Ma mort, c'est l'œuvre et l'épreuve de Dieu qui, en subissant la "faisation" de l'œuvre qui est de Dieu, fut passée par cette épreuve afin que cela soit faisable aujourd'hui par vous. On dit bien l'épreuve de Dieu et aussi la vue de Dieu et ensuite l'exercice de fonction de Dieu.
Pourquoi la comparez-vous à vous, votre ère et votre façon de gérer l'affaire de Dieu, de son œuvre dans votre vie, être humain ? C'est pour que vous blasphémiez les écritures que vous avez fait ça ou bien que vous faites ça ? Mais je ne suis pas dans toutes ces écritures, je suis à l'œuvre et à la faisabilité de l'œuvre.
Point Final

Manque de foi et juge moi, ça c'est ton problème. Mais moi, je sais que ma mort n'est pas pour ce que tu subis ou bien ce que vous subissez aujourd'hui dans toute cette plateforme terrestre.
Je n'ai pas subi la croix pour obéir à vos idioties de merde, vos blasphèmes de l'étude du Saint-Esprit, vos critères vains de l'épreuve de l'Eternel des armées et votre angoisse de subir la même chose que moi dans le ciel, pendant que vous n'êtes que des diffamateurs, des "dérogateurs" du Saint-Esprit, des moins que rien, des "sans Esprit de Dieu" et "sans Esprit Saint", des "sans fléaux de Dieu" et "sans la langue de Dieu" ; à plus forte raison des "sans l'étude de Dieu", des "sans approbations de Dieu".

Et vous êtes quoi ? Prophètes, diffamateurs des églises saintes, objet principal d'échec et de chute de Dieu, âmes perverses, dangers publics de l'affaire de Dieu ?
On croit en vous et on meurt spirituellement, on meurt dans le domaine du Saint-Esprit, on meurt dans la divinité de Dieu. Alors qui êtes-vous, figurez-vous des dieux ou des démons ?

Dieu est encore ignoré par nous.
Je suis laïc pour toi aujourd'hui ? Et tu ne connais même pas mes dérivées du Saint-Esprit, tu n'étudies pas mes préceptes de Dieu comme il faut et tu crois que la nation s'ouvrira un jour pour t'appartenir.
Tu dis "Jésus ouvre moi cette porte" et elle demeure toujours fermée. Tu crois que tu as le devoir même de crier pour simplement revendiquer un droit que tu crois concret et juste pour toi ?

Blasphème est donc ton âme ! Et je n'ai aucune autorité à recevoir de toi être humain, fourchu, adorateur des bois sacrés, adorateur des dieux mondains, des choses, adorateur des actions divines de dieu terrestre.
Je n'ai point d'emblème avec toi et tu n'es que laïc et tu suggères me connaître dans ta vie parce que je n'ai pas fait ceci cela pour toi à temps et au jour opportun !
Seulement ma croix que j'ai bénie pour toi t'a maudit parce que tu ne sais pas la prendre pour travailler dans ta propre vie. Si je t'infligeais la peine lourde et que je te donnais aussi mon sang, toutes les gouttelettes de mon sang qui ont jailli de mon corps depuis la scène de la croix jusqu'aujourd'hui, tu peux te reconnaitre dans le spirituel et comme dans le monde ?
Tu ne gères pas encore le système de la croix ; pourquoi je vais te donner d'autres systèmes ? Tu resteras toujours laïc.

Peuple ivoirien, peuple acquis, des connaisseurs de la chose de Dieu, je ne vous reconnais point dans les doctrines divines de Dieu. Vous êtes tous analphabètes, égaux à zéro.
Comme les apôtres de jadis se sont arrêtés, limités seulement à la scène de la croix parce que leur mission devait s'arrêter là afin que d'autres prennent la relève, pour aller dans le mystère du sang, dans le mystère de l'eau qui a jailli du cœur. Juste ce mystère pour aller jusqu'à rentrer dans une autre doctrine qu'on appelle la faisabilité du système ministériel de Dieu.

Personne ne cherche ce chemin et j'entends crier de gauche à droite : Jésus, Jésus louez, louez, dansez, dansez. Vous n'êtes que des féticheurs, des blasphémateurs, des dieux mondains, des lucifers géants blasphémés dans cette nation qui est devenue maintenant le vrai lucifer du monde.
Mais vous ne pouvez rien, ma doctrine reste toujours ma doctrine. Mon Fils est mort hier, mon Fils est ressuscité aujourd'hui. Mon Fils renaîtra encore et vous serez toujours égaux à vous-mêmes, c'est-à-dire zéro, rien que zéro à la base.
Faiseurs de l'œuvre faisabilité mondaine, lucifer divin mondain. Echec sur échec est votre doctrine. Désolé !

J'envoie ma fille et vous riez d'elle. Mais qui êtes-vous ?
Ecoutez-la tout simplement ; à travers elle, je vais maintenant vous dire qui est l'œuvre. Quelles sont les œuvres de satan ? Quelles sont les œuvres de lucifer ? Et le vrai Dieu, est ce que ces œuvres se ressemblent ?
Vous êtes tous des bandes de lucifer, de satan.

Regardez maintenant comment le vrai Dieu va travailler et la mission prophétique, homilétique, visionnaire, synthétique, synthétisée, rationnelle, diplômée, licenciée, toute sorte de doctrines dans le domaine spirituel, vous sera détaillée.
Et vous allez voir que le chrétien depuis le moyen-âge jusqu'au deuxième âge, jusqu'au troisième âge, jusqu'à maintenant, tout le monde fut dans la fausseté totale, rien à la base, rien.

Les disciples de Jésus et les apôtres vous ont mis sur un chemin. Personne n'a su continuer et on est resté seulement sur le même chemin et on a créé des dieux et des myriades de dieux pour s'ajouter ; comme si la chose de Dieu est tellement petite qu'elle ne peut jamais s'agrandir. La même Bible qui a été écrite depuis, est toujours cette même Bible. Dieu n'est pas plus grand que cette petite Bible ? Mais Dieu est encore grand ! Tout doit être encore grand !
Pourquoi vous êtes toujours tout-petits plus que des fourmis sur la terre ?
A mort vos doctrines
A mort vos églises
A mort vos manières de travailler
A mort vos manières de prêcher
A mort vos manières de convoiter les âmes
A mort vos manières de guérir
A mort vos manières de ressusciter
A mort vos manières de délivrer
A mort vos manières de faire de grandes choses devant les humains car le système de satan, du diable, disparait à mon regard seul.

Je suis Dieu et le faiseur de toutes ces choses. A moi seul cette gloire et plus jamais, plus jamais ni à satan ni à ces reptiles ni à ces oiseaux ni à ces animaux ni à ces choses ni à ces humains ni à ces quoi que ce soit.
Dieu c'est Dieu. Il n'y a point d'autres dieux que Dieu. Alors Dieu demeure Dieu. Dieu reste Dieu. Dieu est éternellement Dieu. Croyez et soyez fiers car je viens pour vous montrer la vraie chose de Dieu et l'humanité toute entière sera embrasée et saura comment voir cette source nouvelle qui vient à votre niveau.

Oui bien-aimée, sors ce message publiquement et que tout être humain l'entende.
A bon entendeur salut !
Embrase-les sur des feuilles géantes. Lis-les dans le public, que l'humanité entière écoute ce message et croit que je t'ai envoyée pour cela car tu sauras ce qui va se passer.
A partir du mois prochain tu commences à te placer là où tu veux. Parle seulement même s'il n'y a personne toi, parle, parle seulement. Annonce seulement ces messages et laisse-moi pour voir si on peut travailler.

Tous ceux qui vont l'entendre et tous ceux qui ne vont pas l'entendre - si tu veux même, convoque la presse nationale et même internationale et qu'elle vienne écouter ce jour-là, même si elles sont seulement deux et qu'il n'y a plus personne à côté, toi, parle. Ainsi parle Dieu, ainsi parle Dieu.
Amen !

On t'a trop huée,
On t'a trop insultée,
On t'a trop dit que tu es fausse,
On t'a trop dit que tu n'es rien,
On t'a trop dit que tu es ceci, cela.
Maintenant je vais prouver qui tu es.
S'il te plait, favorise moi et laisse-moi faire,
Car ce n'est plus ta mission, c'est ma mission.
Va seulement, va, va, va, et fais ce que je te dis,
Et laisse-moi travailler.
Si tu ne le fais pas, je m'empreindrai à toi.
Si tu ne le fais pas, je vais encore retrancher tes serviteurs au milieu de toi.
Si tu ne le fais pas, je vais encore envoyer la maladie au milieu de vous.
Si tu ne le fais pas,...Et puis on va toujours t'insulter.
Alors fais-le et que ces enfants rient car je veux maintenant que ça rie et qu'ils voient tous leurs défauts. Alors engage-toi !
Point Final

Si tu le fais réellement et porte toi-même très bien toi et toute ton assemblée.
Amen
Amen
Amen !

SAINT-ESPRIT, L'ŒUVRE DE DIEU

Je suis donc en page homilétique ou pas dans le domaine de l'œuvre pour parfaire les faits de Dieu, la physionomie de Dieu, les dires de Dieu et que toutes ces choses-là soient dorénavant une doctrine que pour moi dans la faisabilité de l'œuvre de l'âme sœur qui m'est apparue en Esprit, en Esprit et en vérité, qui est Jésus et qui s'est donnée à moi en une **onction prophétique homilétique** par l'onction de la divinité suprême qui est le Saint-Esprit et qui est même l'Esprit de Dieu le Divin Consolateur.

Concevons cela, marchons droit, car Dieu dit : « Si nous ne pouvons pas comprendre ces préceptes aujourd'hui, nous ne pouvons même pas en doctriner avec ni faire quelque chose dans notre vie avec. L'incompréhension ferme les portes et l'âme qui est en nous, s'accroche à ce défaut ; et quand l'âme s'accroche à ce défaut, l'âme ne peut plus porter des fruits, l'âme va devenir fade et l'âme peut se faner jusqu'à devenir la cendre ; l'âme peut mourir, devenir la terre, la cendre, la poussière comme jadis.

Alors cherchons la voiture et le véhicule du Saint-Esprit, montons dans ce véhicule et allons à bon port, à l'arrivage de tous ces autres bateaux et véhicules qui vont arriver pour qu'on puisse maintenant féconder avec eux pour avoir beaucoup d'enfants spirituels et d'enfants divinement parlant, baptisés du feu du Saint-Esprit dans le monde entier, car c'est notre héritage.

Jean le Baptiste l'a dit, lui, il baptisait seulement avec de l'eau ; mais il y a un qui arrive, lui, c'est avec le feu et même l'Esprit qu'il baptise. Pourquoi ? Parce que nous sommes à l'époque de cette divinité et depuis le temps de Jean Baptiste, on n'est pas rentré dans cette grâce, dans cette divinité.
L'heure a sonné pour qu'on commence notre vie et notre histoire de notre vie depuis la Genèse ; si la scène de Jean Baptiste est rejetée ici, c'est que tout est à reprendre à zéro.

Portons-nous bien et regardons droit, vers nous, devant nous, sur nous et marchons pas à pas dans la voie de l'Eternel.
La voie de l'Eternel est bien tracée, bien visible. Aveugles, ceux qui ne voient pas ce chemin ; mais si tu crois que tu vois, que tu n'es pas aveugle, il faut régénérer ta pensée et choisir le chemin qui mène à bon port, car les collyres spécialisés te feront détruire l'abcès sauvage qui se forme sur tes yeux, sur tes ganglions de langues et autres qui feront détruire toutes ces choses

noires sur ta vie pour mieux voir la route qui mène vers le chemin de Dieu. Elle est droite bien tracée bien large.
Dans le spirituel, elle est très large ; mais quand tu ne la vois pas dans le spirituel, elle est plus que fourmi, elle est même invisible parce que tu es borné, tu es aveugle, tu es sourd, tu es muet, tu ne vois rien, aucune lumière de cette route qui est si large, si éclairée, ne peut pas te parvenir.

Alors qui es-tu dans l'œuvre de Dieu ? Qui es-tu si tu n'as pas toutes ces grâces précitées dans notre mission, dans nos ministères, pour toi ivoirien, asiatique, européen, français, américain, russe, de quoi que ce soit, qui se dit honorable serviteur de Dieu, qui n'est pas passé par ces fléaux de la négativité de jadis pour trouver la blancheur de ton chemin.
Qui es-tu donc dans la faisabilité de l'œuvre de Dieu ? Le diable en personne, incarné dans sa personne, qui inflige des venins mortels à mes peuples, les ivoiriens comme dans le monde entier, pour détruire leur âme et prendre seulement leurs ressources ; c'est tout ce qui t'intéresse ? La richesse, le bien-être et sauvagement ; c'est toi, ta nature d'âme qui t'intéresse, tu ne penses même pas comment d'autres dorment, comment d'autres se réveillent ; pour toi il faut gagner ta vie.

Chers serviteurs et "serviteuses", je peux le dire ? Où en êtes-vous avec votre histoire sur le cheminement de la voie sacrée de l'Eternel, le temps de l'Esprit, la voie de l'Esprit, la chose de l'Esprit ? Comment êtes-vous si fanés, si diaboliques, si radicales dans les mots d'ordre de l'Evangile de jadis et ne même pas goûter à une onction pédagogique qui peut te faire voir toutes les choses cachées qui sont enfouies dans toutes ces écritures depuis plus de 2000 ans !

Qu'en est-il de ton histoire pour voir clair, si tu ne peux même pas germer cette situation dans ta vie pour être écrivain du siècle demain, afin que l'écriture de la Bible puisse continuer de par toi ou bien l'envoyé spécial qui te sera désigné, et t'aviser directement sur ton angle pédagogique, mousquetaire, sorcier, sorcière de l'œuvre.
La main de l'Eternel ne t'est point tendue et tu ne peux pas être l'envoyé, le messager, l'endoctrineur, l'écrivain, le tout ce que tu veux !

Crois-tu en ce Dieu qui t'a parlé ? Il t'a donné ta doctrine de l'œuvre, ta doctrine de mésentente avec l'œuvre et Dieu, ta doctrine de faisabilité de l'œuvre avec Dieu, ta doctrine de séquestration d'âme, ta doctrine de porter des fruits, ta doctrine de toutes ces facettes de l'œuvre pédagogique qui était accrochée à la croix de Golgotha et qui a rendu tous les citoyens libres comme les prisonniers, aveugles, sourds, muets pour ne pas voir la scène virtuelle, culturelle ou pédagogique ou bien sainte ou bien pure, qui était là devant tout le monde, dans la sainteté parfaite et que tu as échoué depuis la base de la genèse de l'histoire.

Et comptes-tu connaître cette Bible qui est écrite, basée sur les histoires drôles de l'être humain racontées à tort et à travers comme si toi-même tu étais là, comme si on n'a jamais copié pour quelqu'un d'autre ? J'en suis désolé, la Fille de l'Eternel Dieu te le déclare.
J'en suis désolé, monte sur scène et décris ta fiabilité avec Dieu. Montre-lui que tu es vraiment fertile et fiable vis-vis de lui, que tu n'as pas une autre onction en toi si ce n'est l'Esprit de vérité ; montre-lui, prouve-lui cela et il saura te dire pourquoi jusque-là, il ne t'a pas mis sur ce chemin et il saura même te dire jusqu'à présent, pourquoi il t'a fermé cette porte et il saura te dire jusqu'à présent, pourquoi il ne t'a pas donné une aiguille de la part de l'Eternel ton Dieu, ton créateur, pour parfaire ta vie dans ce sens.

Es-tu médiocre, es-tu négatif ou es-tu néfaste dans la chose de Dieu ? A toi de savoir où te glisser désormais et à toi de savoir où te placer, où te cacher car Dieu l'omniscience, l'omnipotence, l'omniprésence, il n'est pas une situation de ruine ni d'échec ni de blâme.
Quand tu l'as, tu l'as ; quand tu ne l'as pas, tu ne l'as pas ; le virtuel existe mais la pureté dans le virtuel n'existe pas ; le démoniaque existe mais le saint dans le démoniaque n'existe pas.

On ne peut pas jongler sur deux voies ni sur deux bouts, on rallonge l'autre et on rend l'autre un peu court afin que les deux bouts puissent se joindre quelque part, mais tu ne peux pas être en égalité avec Dieu dans la faisabilité de son œuvre.
Si tu n'as pas la branche de la facette de sa divinité suprême en toi, tout est vanité et construit sur du sable et tu ne peux pas créer des petits enfants démoniaques dans les églises, dans les confessions religieuses ; des petits démons qui se multiplient dans les villages, dans les campements partout dans le monde et tu te crois serviteur.

Tu es même esclave du diable et tu ne fais que forger des petits satan, adultères, méchants, biographie céleste mondaine, animation mondaine, tricherie mondaine, tout est copié sur tout ce qui est terrestre, rien n'est copié sur la voie céleste.
Crois-tu en ma divinité, en la situation de mes vingt-quatre vieillards, en la situation de mes quatre êtres vivants, en la situation de mes Anges et de mes myriades d'Anges ? Où sont-ils dans toutes ces communautés ?

C'est le Saint-Esprit qui est à la base de tout; quand tu ne l'as pas, aucun chemin spirituel divin ne peut être monté vers ce chantier, et j'ai montré cette vision à Ezéchiel pour que tu puisses un jour l'accomplir dans ta vie avec moi seul.
Si tu ne m'as pas en Trinité, tu ne peux pas m'avoir en Fils ou en Onction qui doit s'ajouter pour faire les quatre êtres vivants.
Si tu ne m'as pas en quatre êtres vivants, tu ne peux pas m'avoir en vingt-quatre vieillards pour dire que l'onction va se multiplier en don de ceci, en don de cela ; tu ne l'auras pas chez toi.
Et si tu n'as pas ces dons multipliés en vingt-quatre vieillards pour pouvoir marcher dans la vérité, la grâce de Dieu, tu ne peux pas avoir les myriades d'Anges qui se déplacent dans le monde entier d'un bout à l'autre pour faire des prodiges partout, en tant que des envoyés spéciaux de l'Ange Gabriel, de l'Ange Séraphin, de l'Ange Raphaël, de l'Ange Chérubin.

Vomissez et vomissons cette base sur toi. Vos églises se basent sur quoi ? Vos confessions religieuses se basent sur quoi ? Adultères, blasphèmes, pécheurs et pécheresses de ma planète terre de l'Eternel des armées.
Vous êtes tous déchus de votre mission terrestre et je vous envoie tous en enfer. Allez, fuyez tous en enfer, bandes d'idiots, des serviteurs du diable transfigurés en serviteurs de Dieu, mais que je ne reconnais jamais dans mon ciel ; pensez-vous que votre nom est dans mon trône de gloire ? Non, je ne vous connais même pas. Votre ombre même ne peut même pas passer, ne peut même pas avoir accès, à plus forte raison votre personne. *Je ne suis pas en colère mais je suis très très fâché.*

Alors regardez-moi, fuyez ces endroits arides et venez-vous instruire à l'école du Saint-Esprit. Riez avec moi et chargez vos bagages lourds que vous portez depuis des décennies d'années, depuis le ventre de votre mère, sur vos épaules et que vous n'arrivez jamais à décharger. Vous ne déchargez pas jusqu'à ce que vous mouriez avec et quand vous mourez encore, ces mêmes bagages, vous partez avec, non seulement spirituellement, mais physiquement encore ; on met encore ces bagages sur vous dans vos cercueils, dans vos tombeaux et on vous alourdit encore, et vous êtes comme des plombs qui vont directement en enfer souterrain jusqu'à travers toutes écluses souterraines.

J'ai mis mon tombeau devant vous, ma tombe devant vous ; vous avez vu des cercueils, vous avez vu des malles, vous avez vu des bijoux, vous avez vu de l'or, vous avez vu de l'encens, vous avez vu quoi que ce soit sur moi ? Vous continuez à vous entretuer et vous venez mentir que je suis mort sur la croix pour vous ; je suis mort sur la croix pour vos adultères ; je suis mort sur la croix pour vos ceci cela. Vous êtes vilains en esprit et vous êtes très laids en esprit, vous êtes plus que le diable même en esprit. La physionomie du diable que vous voyez, que vous-mêmes, vous représentez à toute sorte de ce qui est vilain, vous-mêmes vous êtes plus laids que cela. Diable et la diablesse que vous êtes, le diable transfiguré sur la terre dans la peau de satan.

Mais j'arrive bientôt et je suis là ; mais je parle et je suis en train de parler et vous continuez de dire encore que j'arrive, pourtant je vous parle en ce moment. Mais j'arrive quand dans ta vie ? Diable, sorcier, j'arrive quand ? "Moutonne" de l'Eternel, vie sauvage de l'Eternel, vie desséchée de l'Eternel, j'arrive quand ?

Alors j'envoie ma filleule te dire ceci pour que tu changes de gamme car je suis de retour et je suis l'Esprit de Dieu, le divin Consolateur et je t'annonce que je suis de retour en Jésus et tu blasphèmes mes écritures, tu me rejettes, tu m'insultes ; tu me dis "mais où je suis".
Où je suis ? Mais je suis en Esprit ! Crois-tu que, qui est en train de te parler ? C'est moi Dieu qui te parle et je suis en train de te parler et je suis le Paraclet.
Alors toi, va te faire foutre ailleurs, encore va te faire foutre là où tu veux et laisse ma planète terre tranquille, et va créer pour toi ailleurs, car si tu ne veux pas comprendre ma divinité, si tu ne veux pas suivre mes préceptes, bandes de lâches spirituels, bandes d'incrédules spirituels.

Que Dieu vous bénisse. Que Dieu bénisse la nature d'âmes que vous êtes aujourd'hui en m'écoutant et en réglant définitivement tous vos conflits avec moi. Car mon retour qui s'est effectué maintenant, c'est pour battre l'enclume, chauffer les fers dans les degrés qu'il faut et les battre très fort. Celui qui veut, qu'il les entende, celui qui ne veut pas, qu'il bouche ses oreilles. Mais moi l'Esprit de Dieu, je suis de retour et je ne ferai pas les choses à moitié.

Fille, amasse tes trésors et glorifie le nom que je t'ai donné et ne te fiche de personne et dialogue de ma part ; que celui qui veut chercher encore un autre Golgotha dans cette nation, qu'il parte mettre ce bois et te cloue encore là-dessus et on verra qui sera cloué à la place de l'Eternel cette fois-ci.
Je suis le Dieu de la nation ; tout juste pour vous dire que je suis de retour, ne l'oubliez jamais et changez de disque. Ma nation va être démolie par vous si je ne presse pas mes pas pour vous parler dans mon vrai langage. Vous avez déjà trop fait, alors reculez-vous, je suis là maintenant. Que personne ne lève quoi que ce soit sur quoi que ce soit dans quoi que ce soit, car son histoire sera dramatique ».
Amen,
Amen,
Amen !

IV

JÉSUS EST DE RETOUR

JÉSUS ANNONCE SA VENUE DANS CETTE NATION

Promener nos regards sur Jésus, c'est effacer nos péchés. Mais qui a le droit ? Écoutez-moi ceci.
Jésus me déclare **:** « Je suis dans la joie. Qui peut contre moi ? Mon Père, il m'a élevé hier au bout d'un bois, vous ne m'avez pas considéré. Aujourd'hui je viens au sommet du bois et à la racine du bois, je crois que vous changerez de gamme.
Sinon *je suis de retour et voilà les verdicts qui prouvent que je suis de retour.* Car *je suis de retour et je prouve à un être humain que je suis de retour en lui donnant les verdicts qui prouvent que je suis de retour ».*

Et il me dit en plus de ce qu'il vient d'annoncer : « Toi qui ne crois pas, ta vie de retour, tu la feras quand et comment et dans quelle circonstance ? Car *moi Dieu, je suis de retour.*
Allez en paix. Lubrifiez-vous et lancez-vous, germez-vous car je *suis dans la nation et je suis de retour* et *j'ai saisi une personne.*

Alors, que vous la croyez ou que vous ne la croyez pas, c'est votre problème. Moi Dieu, mes actions qui vont pleuvoir te condamneront, te tueront, t'assassineront ou te fortifieront, car je suis Esprit et vie.
Allez en paix et soyez-en prospères ».
Amen,
Amen,
Amen !

C'est ainsi que j'ai placé mon radar sur les confins de la terre et j'ai dit **:** "vu la grandeur de l'œuvre que Dieu me confiait, je me suis jetée à ses pieds en larmes en l'adorant". Et tout d'un coup, *un nuage me saisit par les bras et me dit :* « Nous, nous ne sommes que des choses de Dieu, ressaisis-toi et ne pleurniche plus de cette manière, il t'a tout donné et ointe ».

Parce que je ne voyais pas bien le visage de celui qui me reprenait mon souffle ancien pour m'en donner un nouveau, il continue en disant : « À la place de l'homme, tu te verras tout le temps vêtue en bleu, gris ou pas, en vert ou pas et tu en sauras mieux quand il te "ré-interdira" que le noir sur les scènes de manifestation de l'œuvre; de même éduque toi à cet effet-là.

Injustement parlant tu n'es pas apte à dire ces choses-là en public ; mais moi, en tant que la nuée prophétique, je te l'interdirai. Donne-moi tout juste le monopole de le faire un jour que pour toi. Bonne nuit !
Et ça a plu à tes Anges que je te parle en ce moment, voilà un qui arrive vers toi ».

Puis une nuée m'enveloppa et dit : « *Je suis l'Ange Séraphin,* essuie tes larmes et cesse de pleurer et vise-moi pour tes amis d'en haut et va vers toutes ces personnes pour leur dire que je suis effectivement arrivé en Côte d'Ivoire et pour eux. Porte-toi bien. A bon entendeur salut ! Apocalypse 5 verset 8 vivifie votre âme avec ces versets-ci ».

Puis les Archanges s'avancent et disent d'une seule voix : « Qui a le droit de me dire ce qui n'est pas vrai ou ce qui n'est pas faux ? Un être humain a été trouvé juste de dialogue, d'entente et de mésentente avec moi. Car avec cet être humain, je peux discuter des choses de la terre et non pas me trouver toujours entre les Anges et les Saints.
Alors qui veut s'opposer ? Je vous attends à l'horizon et je vous connais déjà. Alors, redressez vos reins et marchons droit dans le scintillement de l'Esprit de Dieu et la fertilité du Saint-Esprit. Et crois en tout ce que tu dis et tu fais.

Je veux encore t'ajouter des mots, mais je veux le faire en public, en grand public pour vous dire que je suis vraiment au zénith de la nation sainte et que je m'appellerai toujours Yahvé Jiréh et que personne ne saura me condamner à cela.
Un Yahvé qui se confond aujourd'hui à l'être humain ! C'est que l'ère a changé. C'est que le temps a changé. Alors si vous n'êtes pas dans le changement, retournez à la poussière d'où je vous ai pris, au nom de Jésus.
Et vous serez toujours condamnés parce que, dans la gamme de Jésus, je vous ai relevés de cette poussière. Et aujourd'hui dans la gamme de l'Esprit, je vous relève selon l'onction.
Si vous n'êtes pas satisfaits, blasphémez-vous vous-mêmes désormais, car une virgule qui sort de votre bouche vous condamnera et vous tuera.

Je suis Dieu et l'Esprit de Dieu. J'ai trop joué avec mon ministère. J'entre maintenant en action.
Portez-vous très bien ! »
Amen,
Amen,
Amen !

Il me déshabille de visage et me reprit le souffle en me disant : « Soyons dans la joie. Si nous ne sommes pas prospères, livrons-nous à ces écrits et rencontrons la Gloire de Dieu qui est descendue pour nous et vivons dans la prospérité.
Toute vie hautaine à relever ou à blanchir, passera toujours par ces écrits de connaissance de cause dans le monde. À partir de là, le monde se blanchira, le monde se rafraîchira, le monde se redressera. Je suis Dieu.

Si vous ne connaissez pas ces écrits, allez droit vers les faiseurs de l'œuvre, les vrais qui ont été choisis. Ils vous instruiront, ils vous orienteront, ils vous mettront sur le chemin. Mais mes écrits et mes dires iront jusqu'au bout des confins du monde et de la profondeur de la terre, jusqu'à la profondeur des eaux, jusque dans le firmament. Et je ferai ce pourquoi j'ai parlé, car je suis de retour ».

Simplifiant la chose, il m'avance ceci: « Parle "moutonne" de l'Eternel. Toi qui me croyais encore mort et au bout du bois, réjouis-toi et retranche-toi du bout du bois, parce que je suis de retour et je suis dans le physique spirituel et même dans le physique corporel.
Si tu me cherches, tu me trouveras. Et trouve-moi parce que le temps est pressant. Le temps presse, trouve moi vite. Le temps presse, le temps presse et va de l'avant. Ainsi parle l'œuvre de Dieu à sa Côte d'Ivoire, à sa nation.
Je n'ai plus rien à vous dire, car j'aurai beaucoup de choses à dire à ceux qui vont m'entendre dehors selon leur vie, selon leur cas.

Fille bien-aimée, acclame-toi toi-même. Si quelqu'un ne t'acclame pas, acclame-toi ; car je suis la vie que tu mènes, je suis l'Esprit que tu as, je suis le temps que tu as, je suis tout ce que tu as.
Celui qui ne croit pas, mets-le en arrière et continue ton chemin. Celui qui croit, dis-lui "allons" et marche droit vers moi. Et c'est en ce moment-là que tes disciples augmenteront de volume, tes apôtres augmenteront de volume car ma mission désormais n'est plus pour une race, n'est plus pour une région, c'est pour la planète terre, c'est pour le globe terrestre, c'est pour les planétaires et les galaxies, c'est pour tout ce qui se trouve dans le firmament haut et bas.

Sois prospère et sois guérie à partir de maintenant ; et à partir de cette connaissance des choses, j'annule toute sorte de maladies, j'annule toute sorte de deuils, j'annule toute sorte de frustrations au milieu de vous, au milieu de tes apôtres, au milieu de tes serviteurs ; et je les mets maintenant près de toi, dignes et fiers d'être savonnés dans le savon de l'Esprit de Dieu et d'être lavés par l'eau de l'onction de l'Esprit de Dieu et d'être blanchis dans la faisabilité de l'Esprit de

Dieu et d'être enfin habillés dans toute sorte de transparence de l'œuvre de gloire du Divin Roi Sauveur, guérisseur de l'âme et de l'esprit et de la terre toute entière.
Alléluia joie !
Et portez-vous bien.
Hosanna au plus haut des cieux ! »
Amen,
Amen,
Amen !

Subitement Dieu me répliqua. Connaissant bien la cause de Dieu sur ma vie, j'ai dit qu'il me fallait ça au moins pour mes incrédules qui voudraient me "ré-lorgner" à cause de ça.

Alors je leur dis que Jésus est là et qu'il est moi-même qui vous ai écrit ce message. Alors liez-vous à moi là seul.

Jésus dit qu'il règne ; écoutez-le et dorénavant, prêchons que sur ça et ne recommençons plus les caprices du siècle du monde à venir. « Car j'aurai beaucoup de choses à dire jusqu'au soir », dit-il. « Et personne ne saura m'arrêter, car ma bouche a été déliée et mon onction a été déliée, personne ne saura l'arrêter.
Aucun être humain ne peut l'arrêter, aucun esprit du monde ne peut l'arrêter, sauf Dieu qui lèvera le drapeau blanc pour dire "stop Fille". Alors tout s'affaissera et tout rentrera dans la blancheur pour que Dieu puisse maintenant passer à l'acte de la parole au nom de Jésus.
Amen !

Je ne suis pas Dieu ? Mais pourtant, je vous ai dit tout ceci. Qui croyez-vous que je suis en ce moment ? Le faiseur, l'orateur, le distributeur de la parole de Dieu ou l'inventeur de la parole de Dieu ?
Alors croyez tout ce que vous voulez. L'essentiel est que vos tympans ne restent pas fermés. Si vos tympans restent fermés, c'est que vous n'avez pas seulement écouté, vous avez fermé votre vie. Si vos tympans restent ouverts, cela veut dire que le tympan seul répondra et résoudra vos problèmes, au nom du Père, du Fils et du Saint-Esprit.
Amen !

Que cela vous acharne parce que moi j'ai tout dit ; et quand je dis tout, c'est que je suis à l'œuvre ; et quand je suis à l'œuvre, c'est que mon épée est aiguisée ; et quand mon épée est aiguisée, c'est que je rentre dans la transparence. Alors, toi qui apprends ces choses, lie-toi à moi et ne te frustre pas, ne regarde pas en arrière, va de l'avant, fais ce qui est bon, fais ce qui est pur, fais ce qui est transparent ; car tu sauras comment te prendre et tu sauras comment te rediriger à moi.

Je suis Dieu le Père, Dieu le Fils, Dieu le Saint-Esprit. As-tu oublié cela ? Au moins ces trois noms, tu ne vas jamais les oublier. Mais dis-toi que ce sont ces trois noms-là qui te parlent et qui font action aujourd'hui.
Alors, crois et rentre dans ta divinité. Et moi, je serai toujours fertile dans la parole au milieu de mon peuple acquis. Et je me réjouirai et je danserai et je me lèverai ; et je ferai de chacun ce que je veux.
Et mon emblème s'installera dans cette nation. Et je saurai comment fusionner tout ce qui est arbitraire à ce qui est négatif et même à ce qui est fertile. Et je serai le seul qui ferai toute cette navette au milieu de vous. Alors croyez ou ne croyez pas, c'est votre problème.

Côte d'Ivoire est sauvée, ma nation est sauvée. Car elle vient encore de recevoir tous ces emblèmes du siècle. Elle est guérie. Elle est sauvée de toute attaque, de tout blasphème, de toute accusation.
Et là, je ne veux pas me prononcer aujourd'hui, car demain vous allez voir ce qui va se passer avec mes mots, mes dires, mes sens et ma présence.
Allez en paix !
Allez en paix !

Côte d'Ivoire, épouse du siècle, va en paix.
Côte d'Ivoire, faisabilité du siècle, va en paix.
Côte d'Ivoire, Côte d'Ivoire, épouse de l'Esprit, va en paix.
Côte d'Ivoire, berceau de l'onction, va en paix.
Côte d'Ivoire, Côte d'Ivoire, action homilétique prophétique, va en paix.
Côte d'Ivoire, Côte d'Ivoire, onction révélationelle rationnelle, va en paix.

Côte d'Ivoire, Côte d'Ivoire, Côte d'Ivoire, Côte d'Ivoire, non !
Tu es trop agréée instantanément dans le ciel.
Et je vois une physionomie rare qui te relève,
Et qui ne te rabaisse plus jamais.
Et la physionomie va faire son effet et c'est moi Yahvé Jiréh,
C'est moi Yahvé Jiréh, la vraie physionomie de ta nation,
La vraie physionomie de ta race,
La vraie physionomie de ton onction,

La vraie physionomie de ta présence.
Et je suis déjà prêt et je suis déjà là et je suis déjà en toi.

Alors favorise-toi, écoute-moi et refais-moi ;
Car personne ne peut m'arrêter,
Personne ne peut plus m'arrêter
Je suis l'onction de Dieu,
L'onction de ma planète ointe,
L'onction de ma Côte d'Ivoire,
L'onction de mon pays,
L'onction de ma vie,
L'onction de ma race.

Alors qui a la vraie ?
Qui croit qu'il a la vraie ?
Qu'il vienne se comparer à moi,
Et je saurai mettre la division dans cette nation ;
Et j'orienterai le bon dans le bon et le faux dans le faux.
D'ailleurs, je ne vois point de bon nulle part dans le monde entier,
Nulle part dans cette planète.
Et je suis cuit en onction de vérité.

Côte d'Ivoire, l'épouse du siècle,
Côte d'Ivoire, l'épouse de l'Agneau,
Côte d'Ivoire, l'épouse de l'onction,
Côte d'Ivoire, l'épouse de l'action de Dieu,
Côte d'Ivoire oh, ton nom est grand !
Côte d'Ivoire, tu sauras te prendre désormais.
Côte d'Ivoire, une Côte d'Ivoire, une Côte D'Ivoire,
Côte d'Ivoire, Côte d'Ivoire, rien ne saura t'arrêter,
Rien ne saura t'arrêter,
Rien ne s'aura t'arrêter
Et tu seras toujours fertile
Tes enfants me serviront.

Et tu seras toujours comme toi-même,
Le maître de tous ces faiseurs de l'œuvre dans tout le monde entier.
Et toutes les galaxies et tous les trônes de Gloire du monde viendront s'atteler à toi.
Car sans toi, rien n'est désormais faisable dans le monde entier.

Oui ma Côte d'Ivoire chérie,
Oui ma Côte d'Ivoire chérie,
Je t'embrase par mon feu.
Je t'embrase par mon feu.
Sois cuite dans ce feu,
Sois cuite dans ce feu
Car je te prépare,
Je te prépare et personne ne saura bouleverser ton trône,
Personne ne saura bouleverser ton trône.

Sois guérie, sois guérie.
Que tes malades fuient les hôpitaux,
Que tes fous fuient les hôpitaux.
Et que tes prisonniers sortent,
Tous ceux qui se sentent enchaînés, sortent.

Ivoiriens, ivoiriens, "côdivoiriens",
Personne ne se trouvera dans ces lieux.
Tous ces lieux seront vidés,
Tous ces lieux seront vidés,
Car ton action fait ces choses,
Ton action fait ces choses.
Tu es une épouse divine.

Alors, tes enfants seront à moi et ils seront guéris.
Ils seront forts et ils seront de vaillants soldats.
De la manière dont j'ai relevé tous ces ossements desséchés des juifs,
C'est ainsi que je viens faire pour les ivoiriens.
Et là, tout le monde se lèvera de toutes parts.
Ils sortiront des hôpitaux.
Ils sortiront des morgues.

Ils sortiront des cimetières
Et personne ne restera.

Ivoirien, ivoirienne, es-tu digne de ce nom. ?
Alors, crois, crois, crois.
Crois que je suis de retour à cause de toi et pour toi,
Et même grâce à toi, grâce à toi.
Tout l'honneur te revient,
Tout l'honneur te revient.
Toute gloire te revient,
Côte d'Ivoire, toute gloire te revient.
Côte d'Ivoire, toute gloire te revient.
Côte d'Ivoire, toute gloire te revient.
Alléluia !
Amen !

Ma joie qui est abondante aura toujours son trône dans cette nation. Et ma nation sera appelée la nation de joie, la nation d'élévation, la nation de prospérité, la nation de richesse. Aucune richesse ne t'égalera. Aucune richesse mondaine, spirituelle ne t'égalera. Et tu seras unique.

Ô Dieu, Dieu, Dieu, Dieu, de la richesse,
Dieu de l'or, de l'argent, c'est trop petit.
Moi Dieu de la richesse, Dieu de l'élévation,
Je veux m'arrêter là.
Le reste, tout œil verra.
Proclame ces paroles de vive voix.

Et il m'ajouta : « La colère de ce monde, le vent qui souffle à l'envers dans ce monde et comment me les réparer ? Ça, je n'en sais rien. Fusionnez-vous à moi et veillons à tout cela ».
Il prédit : « Je marcherai avec toi main dans la main, dit le Seigneur. Tu n'es pas une ivrogne fille de Mère. Ta Mère t'a tellement sanctifiée que tu es l'élue du monde.
Que tu sois une ivrogne ou pas, Moi je t'ai choisie. Tu n'es pas une sale petite fille et les gens ne me jugent pas à ta place pour rien, car tu es celle que j'ai choisie. Et cela leur ferait plus mal d'entendre dire que je t'ai choisie, sale petite fille. C'est parce que tu es noble dans le Seigneur que je t'ai choisie.

Fiche-leur la paix et ne les regarde point, mais marche droit, sinon ne réponds même plus à leurs attaques. Ils ne sont rien et moi, je ne vais point les investir à cela.
Prends ta canne et suis-moi. Prends aussi ta caravane et va droit au but de l'action du Saint-Esprit qu'il t'a confiée. Que le monde sache que je t'ai envoyée, cela me va droit au cœur. Et que le monde ne le sache pas, c'est leur problème qui ne sera pas résolu.

Le Saint-Esprit appelé Feu et l'œuvre de Dieu, t'envoie et m'envoie également. C'est la Mère de l'œuvre, c'est la Mère du Saint-Esprit, c'est la Mère de toutes grâces de l'œuvre, la Mère de tout "trois fois saint" de l'œuvre.
Acclame pour lui sur les terrains. Acclame pour eux tous sur ma Mère de l'œuvre. Mais permets que je sois lu dans les journaux, dans les bois sacrés en Bible, dans les marigots et rivières en feuillets, ça c'est leur problème.
Toujours est-il que je ne marcherai pas dans ces endroits sans faire de dégâts, ruine de l'Eternel. La Mère qui est le Saint-Esprit, va me les déloger en un clin d'œil pour ça.

Alors va partout avec mes Bibles cette fois-ci, que pour les grandes œuvres.
Amen,
Amen,
Amen !

Artisan de paix, vagabonde dans les rues. Tu ne resteras pas prisonnière dans cette maison ni dans ces lieux. Tu es faite pour l'œuvre et engage toi sûrement, ta main sera même très fertile pour moi et je ne m'opprimerai jamais à ta place en ta faveur.
Tu es sûre de moi, sainte, à mon image, pieuse à l'extérieur. Et je t'abreuve en ce jour pour être lue dans le monde entier, que dans des hôpitaux, dans des morgues, dans des cimetières des hommes abattus librement ou des femmes séquestrées injustement, négativement parlant, dans leurs couches sociales, dans leurs méthodes de vie mondaine, dans leur grâce de l'œuvre mondaine, partout où l'homme ira avec toi. Et tu partiras seule, dans le but de bien faire seule, dans le but de bien l'aménager seule, en mon nom et à mon ordre seul.

Je peux même refaire ma vie avec toi ou lire la bible en public, gare à vous si je m'accouchais seule dans l'abîme et que tu m'opprimais dorénavant dans ton cœur pour eux.
Ils sont laïcs et je les veux ainsi qu'à toi seule pour le moment. Mais ne les irrite pas contre moi, ne les façonne pas contre moi, dis-leur que l'œuvre de Dieu les attend au paradis comme sur la terre.

Qu'on compare leurs œuvres à moi le vrai, qu'on médite leurs œuvres à moi le puissant ; mais quelle grâce recevront-ils autour de moi ? Je leur apprends à mieux me marcher là-dessus, s'ils le faisaient plus tard dans la maison de Dieu, contre les loups de Dieu, de l'œuvre de Dieu, contre les impies qui me marcheraient sur les ossements desséchés de l'œuvre de Dieu.

Œuvre sans le Père est nulle. Moi, en même temps que le Père, nous ne serons pas deux pour les combattre pour rien, nous les combattrons par l'épée de la bouche.
Amen !
Et l'épée de la bouche, ce sont les armes sophistiquées de ma langue parlée en hébreux, en gouro ou pas. Mais qu'ils sachent que le soleil s'est levé à midi et s'est couché le soir à 18 heures. Mais le matin il se lève toujours d'une autre manière que dans la vie d'un être humain.

Porte-toi bien à cet écrit, conjuguons les verbes de l'Esprit à cet effet. Amassons les trésors de l'Esprit à cet effet.
Je suis le Jésus revenu et je m'appelle le Jésus ressuscité d'avant. Mais qui peut croire en moi dans cette Bible-ci, où je ne m'appelle pas le Jésus crucifié, mais celui qui est de retour ?
Ha, ha, là, le bas blesse.

Montons sur scène comme ça et je vais leur redire ces mêmes choses mais d'une autre manière. Depuis la racine jusqu'à la Genèse de l'épreuve de l'œuvre jusqu'aujourd'hui dans notre ère présente, je ne suis pas le même ? Pourquoi me questionnez-vous sur les épreuves de l'œuvre qui, s'actionnant présentement, ont fait de moi une œuvre ivre de joie, dans la potentialité de Dieu qui m'attend à l'horizon de l'œuvre ?

J'ai même assisté à toutes ces scènes passées, quand bien même que je m'étais mis à crucifier ma propre chair sur la croix, je n'avais pas tendance à croire que Dieu m'enverrait un jour, une âme sœur pour me sauver toutes ces littératures de la scène de la croix, mais que j'allais rester prisonnier et empoisonné dans cette scène, qui m'élimine toutes mes actions de grâces dans le monde et qui faisait de moi un véritable pécheur, du vrai péché de la croix.

Mais j'ai succombé à la tentation de l'homme et j'ai voulu que l'homme croie à cette scène, pour que je sois un jour sauvé dans ce monde.
Et je l'ai prise sur moi comme une croix divine et j'ai marché dans l'allié prophétique au milieu des hommes, sachant que je suis humain. Mais en réalité, c'est moi l'Esprit qui marchais ainsi et qui succombais à leur tentation, au poids des lourds fardeaux qu'ils me faisaient porter, dans la marche difficile, allant de la grotte à Golgotha.

Mais je savais qu'un jour Dieu allait me "re-livrer" ces messages et ces mots d'ordres autrement, pour sauver ma propre nation dans laquelle je vais revenir et "re-bénir" que mes nations avec.

Je suis à Julie et vous me voulez bête qu'à elle seule, miraculeux à vous certainement ? Mais vous êtes faux, dans le faux, et la fausseté vous envahissant jusqu'à la gorge de l'Eternel, vous mettait en rage contre moi pour rien.
Car je suis Dieu et j'ai voulu que les choses soient faites de cette manière et vous ne faites que passer votre temps à me juger moi Dieu le Souverain Pontife, le créateur, le donneur de la vie, le repreneur même de la vie sur terre comme dans le ciel.

Moi l'unique Dieu que vous avez tant cherché, même *avant la Bible, puis après la prescription de la Bible*, puis aujourd'hui encore que *je viens me révéler à vous* dignement, fervent prieur, donneur de vie.
À l'heure où je vous parle, vous me séquestrez dans vos bouches laïques et vous me condamnez dans les écritures comme si, au commencement, les écrits n'avaient pas été ou bien ne furent pas Dieu.

J'ai quoi à vous rendre compte ? Je suis moi-même le faiseur de l'œuvre, je la fais comme je veux. Je la reprends quand je veux. Je peux même la recommencer à tour de rôle quand je veux, comme je veux. Mais vos langues tendues sont forcées de blasphémer l'œuvre sainte de l'Eternel Dieu, le créateur, moi Jésus.
Et vous pensez que je vais garder vos lacunes dans mon cœur, pourquoi ? Que ce soit vous, concernant vous, parasites du monde ; vous, néfastes du monde ; vous, les choses de ma main ; vous, les faits de l'intrus à intrus pédagogiquement parlant, des choses néfastes, non.

Purement et simplement, je suis trop gravement granulé dans l'atmosphère et dans le cerveau et les cervelles de l'être humain, que je ne peux pas m'évader en onction et en vérité dans le monde, sans faire ma part d'héritage qui est venue en vous, sur vous, pour vous.
C'est en cela que je fus créé Jésus Christ de Nazareth jadis seul et ce pourquoi je reviens en Jésus l'unique Sauveur, le seul, le véritable, le superbe, l'incroyable, le veau d'or de jadis, l'Esprit Saint, l'Esprit de Dieu, le Consolateur, le Libérateur, le colossal Dieu de l'univers visible et invisible, ma marche vers le Seigneur ma propre personne, mon Dieu, mon propre Être.
Le seul fait que je sois légal et légalement conçu en vous, dans une chair humaine, vous frustre.

Honorables invités, dommage, ma vie sur terre est toujours négative pour vous, quand bien même que je commence toute chose et que les données négatives sont supprimées, vous-mêmes, vous venez imposer la facette de la négativité pour qu'elle s'accomplisse en vous, négativement. Qui êtes-vous donc dans mon monde que j'ai créé ? Et vous-mêmes que j'ai créés, êtes-vous satan, lucifer incarné de jadis ou du présent ?

Moi, j'ai fait cela à la Genèse, car moi, je crois que vous vous êtes même rendus de cette manière, négatifs à mes critères, à mes jeux d'encre, à mes vies et opposés à moi. Vous vous tournez contre moi, vous êtes la facette de l'œuvre négative et j'en suis le Dieu de l'œuvre dans la positivité.
Et si je déclarais que la négativité m'appartenait, dans quel camp allez-vous être ? Car je suis négatif et je suis fécond, je suis positif. Aucun Dieu ni sur cette planète ni sur cette terre, ne peut m'égaler. Alors dans quel camp êtes-vous ?
Positifs ? Non. Négatifs ? Non. Car vous ne détenez pas le fléau de la négativité dans ce cas-là, vous êtes dans quel camp ? Diable ? Non. Car le diable est trop petit pour qualifier ce que vous faites, vous êtes plus que ce que le diable fait, alors je détiens le monopole de tout ce qu'on appelle diable, diablesse.
Alors d'où venez-vous ?
Âme sœur créée de mes dix doigts, d'où viens-tu ?

Je peux m'opposer à toi quand je veux ; je peux me lever contre toi quand je veux ; je peux me rabaisser devant toi quand je veux, comme je le fais à la plage. Vous voyez, je rentre dans les vagues, je me lève quand je veux, je me rabaisse quand je veux, je m'affaisse quand je veux, je me meus quand je veux.
Je me relève encore quand je veux. Et je rejette même ta façon de vivre, ta façon d'être, ta création au-devant de moi et tout ce que tu es en un clin d'œil déversé sur le sable, dans du néant. Puis, je reviens à mon amour propre et je te recueille encore dans ma source d'eau vive. Et je dis "viens on va jouer ensemble, on va rire ensemble". Et ta négativité recommence encore et je rejaillis, je rebondis, je retentis encore dans tout l'univers.

Je vais te faire vivre cette vie toute ta vie et ta vie devient comme ça : mouvementée, négativité, bien, positivité, bien, négativité. Et tu es toujours comme ça, errant dans la vie, dans le monde, jusqu'à ton dernier souffle qui me revient toujours, comme le vent du siècle, comme la tempête du siècle, comme l'ouragan du siècle et moi et toi, nous n'avons ni la même facette ni les mêmes enjeux du jeu que nous menons et ta vie est toujours comme un objet devant moi. Néfaste, rien, zéro à la base et tu comptes discuter mes encres, mes lieux de dires, mes faits, mes activités, toi créature !

L'être humain créé de mes dix doigts, qui es-tu ? Manque de foi, qui es-tu ?
Lucifer géant est ton nom. Mais dis-toi que j'ai blâmé ce fait, le fait que je déclare dans un premier temps que je suis lucifer géant, m'a mis au-dessus de toute gamme de lucifer géant ; alors tu n'es rien devant moi. Peste que tu sois, "anango plan" que tu sois, bestiole que tu sois, plus qu'animal que tu sois.

Moi Dieu je mange dans tes mains aujourd'hui, car hier tu as creusé dans ma paume pour naître, pour sortir de l'univers, de n'importe où. Alors fais de moi ce que tu veux, dans ces écritures. Si tu veux rejette-moi, si tu veux anéantis-moi. Si tu veux, renie-moi, si tu veux, mets-moi là où bon te semble.
Mais toujours est-il dit que j'ai le dessus. C'est là le problème, j'ai toujours le dessus.

Alors à qui ce grand combat de l'univers visible et invisible va bénéficier ? Moi Dieu le Créateur ou toi bestiole que j'ai créée de mes dix doigts, ou toi être humain, ou toi la chose dont j'ai soufflé seulement dans les narines, pour qu'elle devienne quelque chose devant moi, pour qu'elle vive, pour qu'elle balance ses bras et ses pieds ?
Tu ne sais pas que tu es trop trop trop gamin, trop gamine, trop néfaste devant moi ?
Prête serment et regarde, et frustre-toi toi-même car je ne peux pas aller une deuxième fois au poteau de ce bois consacré ou pas, que tu prends toujours pour marcher dans les rues d'Abidjan, dans ta vie, dans ton univers du monde visible comme invisible.

Je te vois comme un ver de terre nu, caché dans du sable, au fond d'une planche noire, qu'on ne peut même pas voir, qu'on ne peut même pas dénicher, même avec les microscopes ou même avec des radars de je ne sais quoi.
Mais tu crois que tu es humain ? Qui t'a donné cette nature d'humain ? Qui t'a donné ce souffle ? Qui t'a donné ce vent que tu respires ? Qui a permis que ce vent reste continuellement en toi et qu'il ne s'éteigne pas, lorsque moi je t'appelle ou bien tu te livres à moi de gré ou de force ?

Je ne suis rien pour toi aujourd'hui, parce que je déclare les choses farouchement faisables dans ta vie qui peuvent changer ton univers demain et faire de toi esprit ? Alors, tu négocies avec moi dans tes mensonges, dans tes blasphèmes, dans tes rejets !
J'en ai marre même de ton souffle que je t'ai donné et je le regrette même d'ailleurs. Hier, c'était d'avoir regretté de t'avoir créé à mon image, mais aujourd'hui, même le souffle que je t'ai donné,

je le regrette. Je n'aurais même pas dû te donner un souffle suffisant, qui peut même te permettre de vivre un an, deux ans.
Mais je l'ai fait, pourquoi ? Mais regardez un peu les durées de vie des animaux et regarde un peu toi, tes durées de vie. Et pourquoi j'ai tout réduit ? Parce que tu n'es rien.

Alors, considère-moi, sinon c'est ton univers visible et invisible, qui va être bafoué dans toute son intimité. Tout va disparaître comme par enchantement, comme un miracle, comme un trésor. Quelque chose d'autre va passer à la place des humains, quelque chose va s'engendrer.
Je suis libre de faire de la planète terre, galaxie, ciel et de l'univers, tout ce que je veux, de toutes ces choses, ce que tu veux, comme ce que je veux et même les modifier comme je veux. Tu ne sais pas que je suis capable de ça ?

Regarde ma fille, regarde d'où je l'ai prise et regarde ce que j'ai fait d'elle aujourd'hui, pour que même, le rejet d'une virgule de ses dires et de ses écrits, te conduise en enfer direct et même plus que l'enfer. Tu ne crois pas que je suis capable de faire encore pire que ça dans ta vie et même dans l'univers ?

Crois, il se pourrait que ce soit toi demain, qui sois choisi. Mais tu ne penses même pas à ces choses et tu endurcis ton cœur dans les difficultés de la chair que tu as.
Aya aya, tu détiens aujourd'hui le monopole de la chair ! Et tu crois ! Mais sache que la chair n'est que façonnée par moi et je connais les degrés de sable, d'huile, le degré d'eau, le degré de sel, le degré de ciment et de tout ce que je veux, pour que tout ce que je veux soit comme tu es aujourd'hui.
Pauvre créature de Dieu, créateur du mal, en plus, tu n'es rien ; et force-toi pour m'aimer, sinon, c'est ma dernière phrase sur cette nation pour toi.

Si la Côte d'Ivoire m'acceptait, tout serait gagné dans le monde mais si elle me rejette, j'irai m'autoproclamer dans une autre ville et ça serait dommage pour cette nation.
Dommage car j'ai déjà tout préparé, j'ai déjà tout planifié, ce n'est pas maintenant que mes ivoiriens vont m'abandonner ! Et le résultat maintenant s'apprête à tomber, pourquoi donc me tournerez-vous le dos ?

C'est moi qui ai permis que ces enseignements sortent maintenant. Et pourquoi maintenant ? Il y a plus de deux dizaines d'années que ces écrits sont préparés. Aujourd'hui, si j'opte pour leur sortie, hum, hum ! Sois heureux africain, sois heureux le teint noir, sois heureux, même le teint blanc bénéficiera de toi demain.

Je n'ai même pas envie de te parler de tes atouts, car déjà, tu commences à te montrer négatif. C'est quand tu vas prendre le droit chemin, que je vais te dire ce que j'ai préparé pour toi, pour le siècle à venir et pour le siècle présent.

Qui croit, m'écoute en ce fait, bénis-les toi-même.
Dieu vous bénit.
Dieu bénit ma langue et ma vie sur vous.
Dieu bénit mon Messager.
Dieu bénit ma Messagère.
Dieu bénit ce trio du siècle que je fais descendre
En Dieu le Père,
En Dieu le Fils,
En Dieu le Saint-Esprit.
Et que Dieu bénisse les ivoiriens,
Dieu bénisse ceux qui m'écoutent,
Et Dieu bénisse au moins ceux qui me rejettent,
Car on ne dira pas que l'Eternel n'a pas prévenu.
Je préviens toujours parce que désormais, je suis de retour
En onction et en vérité.
Celui qui veut, qu'il me croie.
Celui qui ne veut pas, qu'il continue de me rejeter.

Bien-aimée, tiens bon ! Ces lacunes vont sortir de toi et ces préceptes vont sortir de toi. Mais quand je te dirai, proclame telle chose sur cette nation, fais-le ! Et le résultat les confondra. Quand je te dirai, proclame telle parole sur telle chose ou sur telle personne, n'hésite pas, proclame seulement ! Ils sauront que tu n'es pas une fillette, tu es vraiment mon Messager.
Et je saurai mettre cela dans leur cerveau cette fois-ci, ce n'est pas dans leur cerveau. Ils seront plus que Thomas et je leur montrerai comment moi aussi, je peux être plus que la divinité de Thomas et le Dieu de Thomas.
Alors, ce que Thomas a fait est petit, mais c'est en Dieu que je vais agir dans leur propre vie.

Portez-vous tous bien !
Et fais de gros bisous à tous tes filleuls,
Et à tous ceux qui t'ont suivi jusqu'aujourd'hui.
Ma marge bénéficiaire est sur leur vie.
Portez-vous tous bien !

Hosanna au plus-haut des cieux !
Va sur toutes les chaines avec tous ces mots d'ordres.
Je m'en fous, ce qui va arriver, va arriver.
Et porte-toi bien !
Amen,
Amen,
Amen !

Printed by Books on Demand GmbH, Norderstedt / Germany